国家自然科学基金资助项目
（项目批准号：71573158）

老龄化背景下
人力资本代际关系研究

罗润东　李煜鑫　李超　张敏◎著

知识产权出版社

全 国 百 佳 图 书 出 版 单 位

图书在版编目（CIP）数据

老龄化背景下人力资本代际关系研究/罗润东等著. —北京：知识产权出版社，
2019.4

ISBN 978 - 7 - 5130 - 6208 - 4

Ⅰ.①老… Ⅱ.①罗… Ⅲ.①人口老龄化—影响—家庭—人力投资—研究 Ⅳ.①F241

中国版本图书馆 CIP 数据核字（2019）第 071434 号

内容提要

老龄化背景下年长与年轻劳动力的就业关系是劳动力市场二元结构转变过程中的新命题。统筹促进年长与年轻劳动力就业是老龄化背景下提高人力资源利用率的突出问题。本书通过对生命周期视角下的劳动力供应链进行分析，探究老龄化背景下年长与年轻劳动力的就业与人力资本投资特征。在此基础上，从微观和宏观两个层面分析年长与年轻劳动力相互影响的人力资本投资机制，并量化测算其就业效应；另外，定性研究并定量测算两个劳动力群体相互影响的劳动力市场效应，研究影响该系统耦合度和协调度的关键变量，从中探求促进年长劳动力就业和年轻劳动力就业复合系统达到协调稳定的实现路径，为我国老龄化背景下劳动力就业机制的形成提供决策依据。

责任编辑：李 瑾 韩 冰		**责任校对**：王 岩
装帧设计：邵建文 马倬麟		**责任印制**：孙婷婷

老龄化背景下人力资本代际关系研究

罗润东 李煜鑫 李超 张敏 著

出版发行：知识产权出版社 有限责任公司	网　　址：http://www.ipph.cn
社　　址：北京市海淀区气象路 50 号院	邮　　编：100081
责编电话：010 - 82000860 转 8393	责编邮箱：lijin.cn@163.com
发行电话：010 - 82000860 转 8101/8102	发行传真：010 - 82000893/82005070/82000270
印　　刷：北京虎彩文化传播有限公司	经　　销：各大网上书店、新华书店及相关专业书店
开　　本：787mm×1092mm 1/16	印　　张：12
版　　次：2019 年 4 月第 1 版	印　　次：2019 年 4 月第 1 次印刷
字　　数：200 千字	定　　价：59.00 元

ISBN 978-7-5130-6208-4

出版权专有　侵权必究

如有印装质量问题，本社负责调换。

CONTENTS

目 录

第一章　导　论 …………………………………………………………… 1

第二章　人力资本投资的阶段性特征及其收益与风险测算 ………… 20

　第一节　教育投资收益与风险研究回顾 ………………………… 20

　第二节　教育投资收益与风险的实证分析 ……………………… 27

　第三节　教育收益与风险的差异性分析 ………………………… 39

第三章　家庭视角下人力资本中的年龄因素对竞争与合作关系的影响… 50

　第一节　微观家庭视角的老龄化研究 …………………………… 50

　第二节　老龄化条件下家庭人力资本投资的代际竞争研究 …… 62

　第三节　老龄化条件下家庭人力资本投资的代际合作研究 …… 83

第四章　企业视角下人力资本中的年龄因素对企业绩效影响的
　　　　效应分析 …………………………………………………… 102

　第一节　人力资本投资的阶段性特征研究 ……………………… 102

　第二节　年长员工对企业绩效的影响研究 ……………………… 121

　第三节　年龄多样化对创新型企业绩效的影响研究 …………… 139

第五章　国际借鉴：一些国别经验研究 ………………………… 156

　第一节　制度背景的比较 ………………………………………… 156

　第二节　经验验证与启示 ………………………………………… 166

第六章 结论与政策建议 ·················· 178

主要参考文献 ·················· 182

后 记 ·················· 188

第一章　导　论

人口老龄化是经济社会发展到一定阶段时人口年龄结构出现的一种必然趋势，目前已经成为世界各国共同关注的严重问题。1997 年，我国 65 岁以上人口占比超过 7%，这标志着我国正式步入老龄化社会，成为"未富先老"的发展中国家。随着人口老龄化进程的不断推进，作为一个老年人口数目庞大的国家，我国在社会保障、养老措施等方面所面临的挑战是空前的，同时，人口老龄化对经济增长、产业结构也产生了不可忽视的影响。近几年，社会科学领域就中国人口老龄化问题的学术研究成果在数量上始终保持递增态势，关于老龄化的发展特征，研究热点和趋势也发生了相应的变化。我们将通过文献分析，从中找出研究脉络与线索，聚焦于老龄化问题的研究。

一、我国人口老龄化问题研究现状

人口老龄化对我国经济社会产生了深刻影响，促使国内学者对人口老龄化相关问题进行了深入研究，近些年来发文量迅速增加。本研究借助可视化软件 CiteSpace，运用文献计量方法，对社会科学领域就老龄化相关问题的研究成果进行了实证分析，综合运用共词分析、聚类分析和战略坐标方法，考察 2000 年以来国内老龄化领域的研究现状，通过绘制我国老龄化领域的关键词共现知识图谱，对老龄化研究的关键词、高产作者和科研机构进行定量分析，可视化展现近些年我国人口老龄化方面的研究热点、动态趋势和新颖的研究方向，为进一步的研究提供分析向导。

1. 数据库的选择和数据统计

在对国内老龄化现象的研究成果进行分析的过程中，为达到全面而准确的甄选原则，从 CNKI 数据库中提取 CSSCI 文献数据，对 2000 年至 2016 年间发表在 CSSCI 期刊上的相关文献进行收集。在 CNKI 数据库中的高级检索框内，文献来源类别为 CSSCI 期刊，在文献分类目录中勾选"哲学与人文科学""社会科学Ⅰ辑""社会科学Ⅱ辑"及"经济与管理科学"，时间段选取 2000—2016 年，检索主题、篇名或关键词为"老龄化"或"人口结构"或"年龄结构"或"老年人"的文献，共检索到文献 8188 篇。剔除 8188 篇原始检索结果中的征稿启事、会议通知、会议综述、卷首语、书评等非学术论文类文献，最终获得以老龄化为主题的研究文献共计 7884 篇。

（1）论文年度分布

人口老龄化作为一个日渐突出的社会问题，所涉及的领域十分广泛，不同研究领域的机构及作者基于不同的视角，对老龄化在该领域的渗透展开研究。CNKI 数据库检索结果显示，在 8188 篇已发表的 CSSCI 期刊文献中，人口学与计划生育学科的发文量高居榜首（2141 篇），接下来分别是中国政治与国际政治学科（1399 篇），社会学及统计学学科（1065 篇），宏观经济管理与可持续发展学科（851 篇），保险学科（846 篇），投资学科（764 篇），经济体制改革学科（511 篇），体育学科（470 篇），农业经济学科（442 篇），人才学与劳动科学学科（317 篇），行政学及国家行政管理（311 篇），金融学科（248 篇），心理学学科（243 篇）等。

图 1-1 显示，2000—2016 年，CSSCI 期刊中老龄化主题发文量总体呈递增趋势，充分体现出我国社会科学领域对老龄化问题的重视程度逐年提高，对这一现状的研究也在不断深入。2016 年的发文量为 920 篇，是 2000 年发文量 160 篇的近 6 倍之多。从变化量折线能够看出，虽然在某些年份 CSSCI 期刊中老龄化主题发文量有轻微下降，如 2002 年、2004 年及 2009 年，但在之后的一年内迅速回升，2008 年和 2012 年发文量较上一年增长最为突出，变化量分别为 204 篇和 175 篇。

（2）发表期刊统计

自我国进入人口老龄化国家行列，逐渐加快的老龄化进程给我国的经

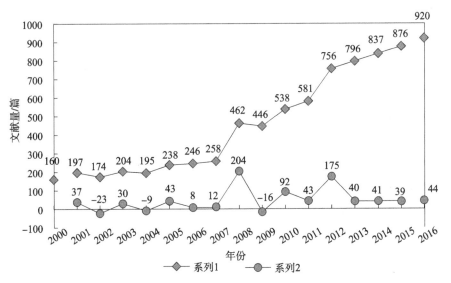

图 1-1 2000—2016 年 CSSCI 期刊中老龄化领域文献发文量及增加量趋势

济和社会发展带来了巨大冲击，其造成的影响是深远而不可忽视的，这一现状已经引起了社会各界的广泛关注，随着研究的日益深入，社会科学类期刊就该问题的发文量也呈逐年攀升的趋势，CNKI 数据库检索结果显示，16 年间以老龄化为主题检索出载文量超过 100 篇的 CSSCI 期刊共有 8 种，其中载文量最多的期刊为《西北人口》，共刊登相关文献 286 篇，载文量居于第二位的是《人口学刊》，共刊登相关文献 267 篇，《人口与发展》刊登相关文献 262 篇，《人口研究》刊登相关文献 254 篇，《人口与经济》刊登相关文献 241 篇，《中国人口科学》刊登相关文献 178 篇。另外，与老龄化现象相关的研究成果载文量位于前十位的核心期刊还有《南方人口》（146 篇）、《北京体育大学学报》（110 篇）、《社会保障研究》（93 篇）、《人口与计划生育》（72 篇）（见表 1-1）。

表 1-1 2000—2016 年 CNKI 期刊中老龄化主题载文量统计（前 10 位）

期刊	载文量（篇）	期刊	载文量（篇）
《西北人口》	286	《人口学刊》	267
《人口与发展》	262	《人口研究》	254
《人口与经济》	241	《中国人口科学》	178
《南方人口》	146	《北京体育大学学报》	110
《社会保障研究》	93	《人口与计划生育》	72

2. 研究方法和指标构建

（1）研究方法

拟运用共词分析法、聚类分析法和战略坐标分析法，对由关键词共现所形成的知识网络进行定量与定性分析，得出 2000—2016 年社会科学领域对老龄化这一研究主题的静态结构和动态变化。在以往的文献综述中，大多使用关键词共现的方法对该主题的研究现状进行评述，缺乏对研究热点动态变化的分析，因此，我们分析的重点在于将聚类分析得出的节点应用在战略坐标中，从位置维度揭示研究主题的象限结构及变化，这种将两种分析方法结合起来的综述性研究不是对期刊文献的简单梳理，而是从社会科学领域文献的标题和关键词中抽取出技术术语，并运用战略坐标的方法，对新颖度和关注度进行把握。

方法一：共词分析。共词分析方法最早在 20 世纪 70 年代中后期由法国文献计量学家提出，其思想来源于文献计量学的引文耦合与共被引概念。国外许多研究者进行了持续深入的研究，Callon 等（1991）利用共词分析揭示了学术研究和技术研究之间相互影响的方式，Law 和 Whittaker（1992）利用共词分析方法绘制了该领域的科学图谱。在国外，共词分析方法已被广泛应用到多个学科领域的研究当中，到 20 世纪 90 年代中期，在共词分析法从理论到应用逐步走向成熟时，我国研究者才将共词分析法引入中国，并首先在医学领域的文献研究中加以应用，之后逐渐向其他领域渗透。目前国内共词分析法的应用主要集中在信息科技、医药卫生科技和社会科学领域中。共词分析法主要是对同一篇文献中词汇对或名词短语共同出现的次数进行统计，以此为基础对这些词进行分层聚类，揭示出这些词之间的亲疏关系，进而分析它们所代表的学科和主题的结构变化。一般认为词汇对在同一篇文献中出现的次数越多，则代表这两个主题的关系越紧密，由此，统计一组文献的主题词两两之间在同一篇文献出现的频率，便可形成一个由这些词对关联所组成的共词网络，网络内节点之间的远近便可以反映主题内容的亲疏关系。共词分析就是以此为原理，将文献主题词作为分析对象，利用包容系数、聚类分析等多种统计分析方法，把众多分析对象之间错综复杂的共词网状关系简化为以数值、图形直观地表示出来的过程。

方法二：聚类分析。在共词分析的基础上，由于所得出的共词知识网络包含大量关键词节点，节点之间的连线错综复杂，不利于进行直观的分析研究，故采取聚类的方式。具有共现关系的关键词依据知识的相似性或关联性，通过聚类重组为知识群落，把众多分析对象之间错综复杂的共词网状关系简化为数目相对较少的若干类群之间的关系并直观地表示出来。由于传统的聚类方法不能清晰地展现出聚类内容，且聚类之间的关系非常模糊，为改善这些不足，运用共词聚类分析原则和方法，在关键词共现矩阵（475×475）中通过查找最高的余弦值数值，找到余弦指数值最高的一对技术术语作为中心主题词，通过分析和总结中心主题词的内容，提取该聚类的研究方向。

方法三：战略坐标。战略坐标是 Law 等于 1988 年提出的，在聚类分析的基础上，将技术术语放置于平面直角坐标系的四个象限上，进一步分析某一领域的研究热点的结构及其发展变化。我们以聚类的关注度为横轴，以新颖度为纵轴，绘制出老龄化主题在社会科学领域的战略坐标图（见图 1-2）。

观察位于第一象限的聚类，该象限中聚类新颖度和关注度均大于零，表示位于该象限的聚类所代表的内容均为当下研究的热点问题，近年来对该区域聚类的研究成果数量呈上升趋势，属于研究领域普遍关注的中心论题，由于位于第一象限的聚类兼具较高的新颖度和关注度，故称这类聚类为核心型聚类。

图 1-2 聚类战略坐标图

观察位于第二象限的聚类，该象限中聚类的新颖度大于零，关注度小于零，表示位于该象限的聚类所代表的内容具有较高的潜在研究价值，属于近几年来新兴的热点，往往能够为研究提供创新性视角，由于这类聚类还没有获得广泛关注，故称位于第二象限的聚类为潜在型聚类。

观察位于第三象限的聚类，该象限中聚类的新颖度和关注度均小于零，表示位于该象限的聚类所代表的内容较为陈旧，或已被新的研究成果所代替，位于这一区域的聚类缺少研究价值，故称其为边缘型聚类。

观察位于第四象限的聚类，该象限中聚类的新颖度小于零，关注度大于零，表示位于该象限的聚类所代表的内容备受关注，但不是近几年的研究热点，属于对该领域的问题进行研究时不能忽视的基础性知识，故称位于第四象限的聚类为基础型聚类。

随着时间的推移，聚类点在战略坐标内是可以移动的，例如当位于第二象限的潜在型聚类获得较多关注时，大量关于该聚类内容的研究成果涌现，会使该聚类向第一象限移动，变成核心型聚类，其他象限的聚类如同第一象限的聚类一样，都会因为关注度或者新颖度的变化而发生移动。

（2）指标构建

指标一：余弦指数。

用余弦指数来测度共词网络中两个关键词之间的共现关系和强度，其计算公式一般表示为：

$$\text{Cosine} = \frac{F(A,B)}{\sqrt{F(A)F(B)}} \tag{1-1}$$

式中，$F(A)$ 表示关键词 A 在给定关键词集合中出现的次数，$F(B)$ 表示关键词 B 在给定关键词集合中出现的次数，$F(A,B)$ 表示关键词 A、B 共同出现的次数。该指数的取值范围在 0 至 1 之间，值越大，表明关键词之间的共现强度越高；值越小，表明关键词之间的共现强度越弱；若值为 0，则表示两个关键词之间不存在共现关系。

指标二：新颖度。

根据技术术语共现的时间，计算每个聚类的平均共现时间，以此反映该聚类技术研发主题的平均年龄，再计算每个技术研究主题的平均年龄与全部共现技术术语的平均共现年龄的离均差，称为"新颖度"。值有正负之分，若值为正数，表明研发的时间比较晚；若值为负数，表明研发的时间较早。

若设共现的技术术语有 N 个，形成 K 个聚类，每个聚类中有 M 个技术术语，用 Y 代表出现的年份，则"新颖度"的公式为：

$$ND_i = \frac{1}{M}\sum_{j=1}^{m} Y_{ij} - \frac{1}{N}\sum_{g=1}^{n} Y_g, (i = 1,2,3,\cdots,K) \qquad (1-2)$$

式中，ND_i 代表第 i 个聚类的研究主题的新颖度，$\frac{1}{M}\sum_{j=1}^{m} Y$ 为第 i 个聚类的 M 个技术术语的共现年度平均值，$\frac{1}{N}\sum_{g=1}^{n} Y$ 为 N 个共现技术术语的共现年度平均值。

指标三：关注度。

根据各技术术语的共现频次，计算每个聚类技术研究主题的平均共现频次，再计算每个技术研究主题的平均共现频次与全部共现技术术语的平均共现频次的离均差，以此反映该聚类的受关注程度，称为"关注度"。值有正负之分，若值为正数，表明该研究主题的研发受关注程度较高；若值为负数，则表明该研究主题的研发受关注程度较低。

若设共现的技术术语有 N 个，形成 K 个聚类，每个聚类中有 M 个技术术语，用 F 代表共现频次，则"关注度"的公式为：

$$C_i = \frac{1}{M}\sum_{j=1}^{m} F_{ij} - \frac{1}{N}\sum_{g=1}^{n} F_g, (i = 1,2,3,\cdots,K) \qquad (1-3)$$

式中，C_i 代表第 i 个聚类的研究主题的关注度，$\frac{1}{M}\sum_{j=1}^{m} F$ 为第 i 个聚类的 M 个技术术语共现频次的平均值，$\frac{1}{N}\sum_{g=1}^{n} F$ 为 N 个共现技术术语的共现频次平均值。

3. 文献计量分析

CiteSpace 是一款对文献进行可视化分析的软件，其主要功能在于对导入的文献进行关键词的提取，从而形成关键词矩阵。分析结果以图谱的形式呈现出来，从生成的图谱中可以清晰地读出在设定时间段内该领域的研究热点与研究的主要方向，便于把握该领域的研究脉络。现运用 CiteSpace

软件对老龄化主题下社会科学领域的研究成果进行关键词共现分析，具体步骤如下：（1）数据的标准化处理。（2）数据导入及转换。将从 CNKI 数据库中提取出的 7884 篇文献导入 CiteSpace 软件，并运用数据转换程序对数据进行转换。（3）各项指标的设定。时间切片设置为一年，阈值分别设定为（3，3，10）（3，3，10）（3，3，10），节点类型设置为关键词，以便于进行本部分的共现分析。

为更加准确和直观地认识老龄化的研究现状，在进行关键词共现分析时，对关键词进行规范化处理，需要对同一关键词的不同表述以及重复的关键词进行合并，如将"新农保"与"新型农村社会养老保险"合并为"新型农村社会养老保险"。运行 CiteSpace 软件，在"project"文件夹中生成关键词矩阵，并得到关键词共现图谱，在图谱中共获得 475 个高频关键词，其节点的大小表示关键词出现的频次，一个关键词形成的节点越大，表示它在文献数据中出现频次越高，节点之间的连线表示关键词之间共现关系的强弱，连线越粗则表示两个关键词之间的共现关系越强（见图 1 - 3）。

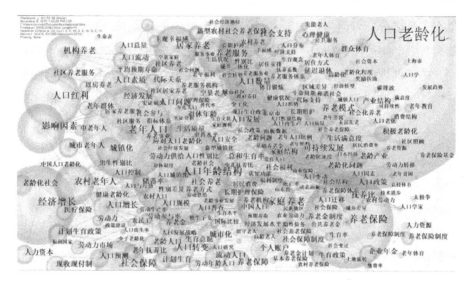

图 1 - 3　2000—2016 年我国老龄化领域的关键词共现知识图谱

从图 1 - 3 可以看出，2000—2016 年，在以老龄化为主题的社会科学领域 CSSCI 期刊文献中，共现频次最高的关键词是"人口老龄化"（676次），其后依次是"人口年龄结构"（236 次）、"老年人口"（220 次）、

"养老保险"（217 次）、"经济增长"（188 次）、"家庭养老"（148 次）、"人口红利"（140 次）等。从这些高频关键词所表征的内容可以得出 2000—2016 年社会科学领域对老龄化这一现状进行的研究主要集中在对老龄化这一问题形成和应对方案的探究，并对养老和社会保障表现出高度的关心。

运用共词分析的方法将高频词聚类，得出近些年来社会科学领域在老龄化问题上的研究热点。运用共词聚类分析方法，具体步骤如下：在 CiteSpace 软件得出的共现矩阵（475×475）中，利用 MAX 函数找出共现矩阵中余弦指数值最大的一对技术术语，该对技术术语即为第一个聚类的中心主题词。将该对中心主题词提取出来，并通过对余弦指数值的降序排列，找出其他关键词所构成的矩阵中与该对中心主题词中任一关键词存在共现关系的关键词，选取前 10 个余弦值数值大于零的关键词作为第一个聚类的聚类成员，若余弦指数大于零的关键词不足 10 个，则只选取余弦指数大于零的关键词。复上述步骤，直到 MAX 函数显示最大的余弦指数值为 0，即矩阵中的关键词彼此不再含有共现关系，此时，所有含有共现关系的关键词都已经加入到聚类中。

按照聚类分析法，以"老龄化"及其相关检索词为主题的 475 个高频关键词被划分为若干个聚类，其中有些聚类只含有两个聚类成员，这些聚类无法准确地体现出该聚类所代表的研究内容和方向，由于这些含聚类成员太少的聚类不能被完整地解读，故删除这些聚类。最后形成有效聚类 45 个，根据聚类成员所包含的内容，可以概括出每个聚类的名称，对这 45 个聚类进行汇总，即可得出社会科学领域在老龄化这一主题下的主要研究内容和研究方向（见表 1 - 2）。相关的战略坐标图如图 1 - 4 所示。

表 1 - 2　聚类名称及聚类成员

聚类号	聚类名称	聚类成员
1	婚姻市场	婚姻市场，婚姻挤压，出生性别比
2	人口与生育	人口政策，总和生育率，平均预期寿命，计划生育政策，更替水平，人口与经济，人口增长，人口年龄结构，人口控制
3	养老需求与养老机构	养老需求，养老事业，社区养老服务，老有所医，机构养老，福利机构，老年福利，普惠型，服务事业，老年人口

聚类号	聚类名称	聚类成员
4	老年人权益	农村空巢老人，老年人权益，精神养老
5	城镇化	城镇化，居民消费率，碳排放，gmm 估计，动态面板
6	公共福利	社会组织，政府购买，福利多元主义公共服务社会化养老
7	老年体育	群众体育，老年人体育，国民体质，健身气功，平衡能力，广场舞，身体锻炼，体育管理，北京市，体育锻炼
8	劳动生产率	劳动生产率，技术进步，少子老龄化，日本经济
9	养老服务	中老年人，健康状况，服务需求，空巢家庭
10	老龄社会问题	老龄化程度，社会问题，劳动力转移，人口老化，养老金制度
11	老年消费	老年消费，养老金替代率，公共政策，供给侧结构性改革，居民消费
12	收入不平等	泰尔指数，收入不平等，收入差距
13	人口政策	计生局，奖励扶助，人口发展，服务管理，宣传教育，新时期人口，现行生育政策，应对人口老龄化，抚养比，人口结构
14	家庭养老模式	家庭结构，养儿防老，养老模式，影响因素，人口特征，社区服务，家庭规模，社会保障制度，养老制度，人口普查
15	人口与经济发展	经济发展，经济增长速度，家庭养老，人口问题，人口数量，人口老龄化，空间自相关，健康老龄化，生育政策，老龄人口
16	以房养老	以房养老，反向抵押贷款，养老保障体系，养老资源，预期寿命道德风险，房地产市场，养老方式
17	家庭与社会养老	婚姻状况，居住方式，社会养老，代际关系，性别比，社会保障老年人
18	养老保障制度	社会保险，商业保险，城乡二元结构，长期照护，养老保障
19	人口形势	人口死亡率，人口再生产，人口学家，人口学研究，人口形势
20	社会养老模式	社会资本，民办养老机构，互助养老，老年人健康，生命历程，社会支持，空巢老人
21	人口学研究方法	var 模型，生命表，人口因素，实证分析，可持续性
22	人口布局	人口再生产类型，家庭人口，人口布局，人口安全，人力资源，性别比失衡

续表

聚类号	聚类名称	聚类成员
23	医疗保障	医疗保障,老年保障,老年抚养比
24	社区养老	养老服务业,社区养老,社区照顾,养老机构,土地流转
25	物价水平	通货紧缩,潜在增长率,通货膨胀,货币政策
26	老年人福利服务	养老服务机构,社会福利社会化,老年人福利,福利服务,老年公寓,老龄化速度,社会福利院,社会福利机构,城乡一体化,服务工作
27	劳动力市场	劳动力供给,劳动力市场,劳动年龄人口,人口研究,人口流动,新型城镇化,退休制度,老龄化问题,人口普查资料,医疗保险
28	人力资本与人口红利	人力资本,经济增长,储蓄率,人口红利,少儿抚养比,剩余劳动力,经济发展水平,社会福利,人口结构变迁,年龄结构
29	城乡老龄化	农村老年人,城市老年人,老人健康,中国人口老龄化,农村人口,生活自理能力,老龄委,津贴制度,社区居家养老,生活质量
30	农村劳动力	技术效率,农村劳动力,农业劳动力
31	劳动供给	劳动供给,新型农村,社会养老保险,劳动参与率,心理健康,挤出效应,农村养老,地区差异,养老金,居住安排
32	孝养伦理	和谐社会,上海市,孝文化,老年群体
33	消费水平	消费结构,城镇居民消费,养老保险制度,消费水平,产业结构
34	劳动供给与经济发展	对策建议,中国经济,结构方程模型,劳动力
35	养老服务	社会养老服务,社区居家养老服务,幸福感,生活满意度
36	人口与社会发展	可持续发展,山东省,主成分分析,小康社会,国际比较,全面二孩,人口素质,老龄化
37	养老保险制度	社会保障税,个人账户,退休年龄,养老金计划,老龄化趋势,现收现付制,养老保险,基本养老保险,基础养老金,隐性债务
38	积极老龄化	积极老龄,城市社区,老年志愿服务,居家养老,社会经济地位化,社会参与,养老服务
39	人口变动	人口变动,城镇人口,年龄别,老年人口比重,人口增长速度,人口城镇化,人口转变,企业年金

续表

聚类号	聚类名称	聚类成员
40	人口管理	户籍人口，流动人口，计划生育，大城市，实证研究，因子分析人口预测，社会结构，性别差异，城市化
41	人口与社会风险	社会风险，人口与社会，人口性别比，人口规模
42	生育意愿	生育文化，生育意愿，独生子女，独生子女政策，少子化，中国人口，人口总量，职业年金，人口质量，"单独二孩"政策
43	老年护理	长期护理保险，失能老人，老龄产业，医疗费用，长期护理，医养结合，养老问题，政策建议，社会政策
44	老龄化与人力资源	户籍制度，社会转型，老年教育，新常态，延迟退休
45	农民工就业	民工荒，就业结构，农民工

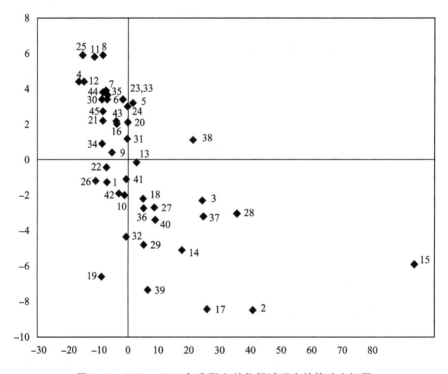

图 1-4 2000—2016 年我国老龄化领域研究的战略坐标图

（1）战略坐标象限分析

从以老龄化为主题的聚类战略坐标图中可以看出，45 个聚类在四个象限内的分布十分不均匀，其中，第一象限含有 2 个聚类点，第二象限含有

21 个聚类点，第三象限含有 8 个聚类点，第四象限含有 14 个聚类点。聚类点多集中在第二、第四象限，表示近几年内，专家学者针对老龄化现象已经展开了较为充分的探索，但依然有部分老龄化问题还未得到社会科学领域的足够重视，这也赋予了这一研究领域许多创新和深入探讨的契机，从战略坐标的各个象限的含义来看，"人口与生育""人力资本与人口红利"是老龄化这一主题在 2000—2016 年的研究热点，"劳动生产率""老年消费""物价水平"是老龄化这一主题在 2000—2016 年比较新颖的研究方向，且有可能成为未来对老龄化这一问题研究的热点。

位于第一象限的聚类点分别为 5 和 38，具体内容依次为"城镇化""积极老龄化"。由于位于第一象限的聚类点新颖度和关注度均大于零，故在 2000—2016 年对于这两个研究方向的成果占据研究的主导地位，"城镇化"所包含的研究内容新颖度更高，而"积极老龄化"所包含的研究内容则关注度更高。

位于第二象限的聚类点有 4、6、7、8、9、11、12、16、20、21、23、24、25、30、31、33、34、35、43、44 及 45，这些聚类的新颖度大于零而关注度小于零，所包含的内容都是 2000—2016 年新出现的学术研究热点，随着时间推移，未来对老龄化问题进行研究时，这些聚类所代表的研究方向将是社会科学领域在对该问题进行分析时的主流方向，由于这些聚类具有很强的潜在性，故对其加强关注并进行挖掘是今后进行工作的重点所在，这些聚类具体包括"老年人权益""公共福利""老年体育""劳动生产率""养老服务""老年消费"等。

位于第三象限的聚类点有 1、10、19、22、26、32、41、42，这些聚类的关注度和新颖度均小于零，根据战略坐标图的定义，这类研究内容属于老龄化主题下被边缘化的研究内容。这些聚类有两类：一类是以前曾经是老龄化研究中比较热门的课题，但由于时效性或受到人口变动的影响，近几年已经退出了学术研究的主流视野；另一类是在 2000—2016 年社会科学领域对于这些课题的关注度始终较低，且近几年研究成果仍相对较少的领域。它们分别是"婚姻市场""老龄社会问题""人口形势""人口布局""老年人福利服务""孝养伦理""人口与社会风险"及"生育意愿"。

位于第四象限的聚类点有 2、3、13、14、15、17、18、27、28、29、

36、37、39、40，这些聚类的关注度大于零而新颖度小于零。这些聚类所代表的内容属于研究领域的基础知识范畴，虽然近几年来鲜有创新性成果出现，但其仍然具有较高的关注度，其中以聚类点15号为甚，即"人口老龄化"，它是老龄化现象探索的基本命题，故在研究过程中始终具有极高的关注度。位于第四象限的其他聚类内容分别为"人口与生育""养老需求与养老机构""人口政策""家庭养老模式""养老保障制度"等。

（2）研究热点分析

在图1-4中，根据新颖度和关注度指标含义，通过观察聚类点落在四个象限中的位置，可以清楚地找出目前新颖度和关注度都较高的聚类，图中5与38聚类的关注度和新颖度均大于零，且聚类38的关注度较聚类5更高，根据聚类成员的构成，可以确定其主要是关于"积极老龄化"的研究。一方面，我国作为世界大国，老龄化现象日益突出，随之而来的种种问题不可避免，如老年贫困、老年工作难以开展、老年人心理失衡等，面对亟待解决的许多弊端，推行积极老龄化政策是十分必要的。另一方面，积极老龄化作为一种革命性变革的老龄观，对社保、照料和老年人自我实现等各方面提出了新的要求，要实现积极老龄化，必须配合健全的体制机制与养老模式，如居家养老或社区养老等。就积极老龄化政策的先决条件设置与实施，近几年国内学者已经贡献出较为成熟的学术成果，也是目前社会科学领域学者普遍关注的一个研究方向。虽然聚类5的关注度不及聚类38，但聚类5具有更高的新颖度，根据聚类成员的构成，确定其主要是关于"城镇化"的研究。随着我国老龄化程度的不断加深，城乡老龄化之间的差异愈加突出，因此，近几年社会科学领域对于城镇化的研究相应推进，现阶段城镇化问题研究的重点和热点主要集中在两个方面：一是城镇化的一般理论研究，二是城镇化的相关问题研究。除此之外，本聚类所包含的"碳排放"及"居民消费率"与城镇化的推进有直接关系，成为目前社会科学领域重点关注对象，因此这一聚类新颖度相对较高。

在图1-4中，聚类8、聚类11和聚类25具有较大新颖度但缺乏关注度，其中，聚类8根据其聚类成员构成可以将聚类内容概括为"劳动生产率"，目前国内外的学术成果主要集中于探讨老龄劳动者丰富的实践经验与身体素质下降所导致的低生产率之间的矛盾，由于目前国内关于这方面的研究论文较少，随着时间推移，人口老龄化与劳动生产率之间的诸多问题将逐渐浮出水面。此外，延迟退休作为全面深化改革的重要内容将会在近年内稳妥推进，因此，这一领域可能成为未来研究的热点。聚类 11 "老年消费"同样具有较高的新颖度，但缺乏关注度，现阶段老年消费问题的研究的重点和热点主要集中于探究影响老年消费活力的相关因素，对老年消费产业及市场进行解读，但就目前国内对老年消费研究的进展来看，研究成果还较为有限，随着现阶段老年人的消费观念及消费产业结构的转变，老年人口的消费特征及相关因素将为下一步研究提供新的思路。聚类 25 "物价水平"同聚类 11 "老年消费"有较强的关联性，同样具有较高的新颖度，标志着这一研究方向潜在性较强，有待于今后进一步研究及探讨。

4. 文献的分类排序特征

（1）期刊文献作者及其合作关系

运行 CiteSpace 软件，阈值分别设定为（2，2，20）（3，3，20）（3，3，20），节点类型设置为作者，软件显示前 320 位高产作者以及他们之间的合作情况，并生成高产作者的知识网络图谱（见图 1-5）。

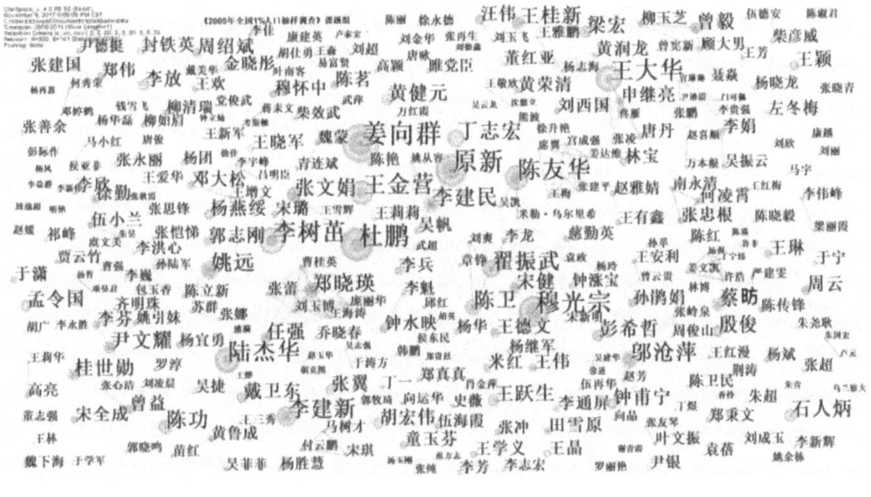

图 1-5　2000—2016 年我国老龄化领域的高产作者

在高产作者共现图谱中，2000—2016 年，以老龄化为主题发文量居前的作者有姜向群（34 篇）、原新（31 篇）、穆光宗（30 篇）、王大华（29

篇）、李树苗（28 篇）、杜鹏（28 篇）等，如表 1-3 所示。

表 1-3　2000—2016 年我国老龄化领域的高产作者（前 15 位）

作者	发文量（篇）	主要研究内容
姜向群	34	老年人，人口老龄化，养老保险，社会保障
原新	31	人口老龄化，出生性别比，流动人口，人口预测
穆光宗	30	人口优化发展，超低生育率，人口老龄化，人口发展
王大华	29	老年人，认知老化，夫妻依恋风格，婚姻满意度
李树苗	28	农民工，性别失衡，婚姻挤压，社会融合
杜鹏	28	老年人，流动人口，健康老龄化
陈友华	25	生育政策，人口老龄化，人口红利
李建新	21	老年人口，生育政策，人口结构，人口增长
王金营	19	经济增长，人力资本，生育政策，人口预测
李建民	17	人力资本，人口转变，人口老龄化，经济增长
翟振武	17	计划生育，"单独二孩"政策，生育水平
郡沧萍	16	人口老龄化，总和生育率，计划生育，老龄化
丁志宏	16	老年人，异地养老意愿，社区养老
陈功	15	老年人，残疾人，居住安排
陆杰华	15	老年人，人口研究学，涉老企业

（2）发文量居前的科研机构

运行 CiteSpace 软件，阈值分别设定为（2，2，20）（3，3，20）（3，3，20），节点类型设置为机构，软件显示前 283 所科研机构并生成高产机构的知识网络图谱（见图 1-6）。发文量前十的科研机构见表 1-4。

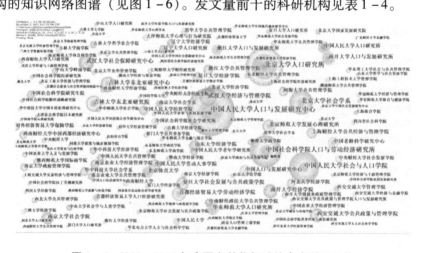

图 1-6　2000—2016 年我国老龄化领域的高产科研机构

表 1－4　2000—2016 年我国老龄化领域发文量前十的科研机构

科研机构	发文量（篇）	科研机构	发文量（篇）
中国人民大学	518	北京大学	349
吉林大学	210	武汉大学	166
南开大学	162	北京师范大学	161
南京大学	153	华东师范大学	153
复旦大学	141	西南财经大学	126

2000—2016 年社会科学领域以老龄化为主题发文量最多的科研机构是中国人民大学（518 篇），其次是北京大学（349 篇）和吉林大学（210 篇），其他发文量居前的科研机构见表 1－4。其中，中国人民大学发文量主要来自中国人民大学人口与发展研究中心（136 篇）、中国人民大学社会与人口学院（86 篇）、中国人民大学人口研究所（43 篇）、中国人民大学劳动人事学院（33 篇）、中国人民大学经济学院（28 篇）、中国人民大学老年学研究所（22 篇）、中国人民大学公共管理学院（22 篇）等。北京大学发文量主要来自北京大学人口研究所（118 篇）、北京大学社会学系（70 篇）、北京大学经济学院（23 篇）、北京大学光华管理学院（20 篇）等。吉林大学发文量主要来自吉林大学东北亚研究院（55 篇）、吉林大学东北亚研究中心（45 篇）、吉林大学哲学社会学院（23 篇）等。

以上借助可视化软件 CiteSpace，采用共词分析、聚类分析和战略坐标相结合的方法，对 2000—2016 年社会科学领域就老龄化问题所产生的学术研究成果进行计量和分类排序，得出在这一命题下该领域的研究现状、关注的热点问题及新颖的研究方向。通过对关键词进行共现分析，提炼了 2000—2016 年出现频次最多的关键词，包括人口老龄化、老年人口、养老保险、社会保障等，表明社会科学领域在对老龄化问题进行研究时对这些方面给予了极大的关注，另外，在得出的聚类分析结果中可以看出，获得较高关注度的是"人口与生育""人力资本与人口红利""家庭与社会养老"等问题，这说明近几年以老龄化为主题的学术科研工作主要由这几个方面内容构成，是该领域学者的重点关注方向。获得较高新颖度的是"老年消费""劳动生产率""物价水平"等，这些研究内容有待进一步研究和讨论。此外，我们进一步归集了 2000—2016 年社会科学领域在老龄化问题研究上有较多学术贡献的作者、科研机构等信息，可视化结果显示，现阶段发文量较多的高产机构基本是全国重点高校及有关科研院所。

二、本书研究当代老龄化问题的意义

在以上老龄化研究热点中，本书关注老龄化问题的重点在于：老龄化现象是如何通过影响家庭人力资本投资的代际合作与竞争，从而作用于微观人力资本投资机制。我们拟从家庭代际合作与竞争关系角度分析老龄化对人力资本投资的微观作用机理，探究老龄化条件下人力资本投资的代际协调机制。基于这一考虑，本书的研究意义具体体现为以下三方面。

第一，老龄化条件下家庭人力资本投资的代际关系是现阶段理论研究的新命题，相关研究仍处于探索阶段。老龄化条件下家庭人力资本投资的决策机制与人口红利时期有明显区别；静态来看，老龄化加剧了家庭人力资本投资的代际竞争程度，但动态视角下老龄化对代际合作的影响效应较为复杂。尤其是关于老龄化条件下家庭人力资本投资的代际合作与竞争强度等关键性问题，尚缺乏系统的理论提炼、定量测算及变动趋势分析。

第二，我国文化背景下的家庭代际关系与西方有显著差异，我国家庭独特的人力资本投资机制具有独立研究的理论价值。例如，费孝通（1983）、潘光旦（1993）、梁漱溟（2005）等早期学者曾揭示我国家庭代际关系与西方之间的显著差异；近些年现代化与城镇化推动了家庭趋于核心化、小型化，我国家庭的演化路径并不同于西方模式（王跃生，2013），孝道文化背景下的传统家庭伦理仍有较大影响（李琬予等，2014），我国家庭的代际关系呈现出路径依赖与外部冲击交互影响下的独特结构。西方背景下的家庭人力资本投资理论虽可提供较完善的方法论范式，但难以充分解释我国家庭人力资本投资的代际合作与竞争关系，也难以形成契合我国现实背景的操作性政策，因此针对我国家庭结构进行人力资本投资机制研究具有独特的理论价值。

第三，在揭示家庭人力资本投资代际合作与竞争关系的基础上，对老龄化条件下家庭人力资本投资的决策机制进行微观量化研究。针对家庭人力资本投资的代际合作与竞争机制，通过厘清不同年龄段成员在人力资本投资中的静态与动态关系，量化测算老龄化对代际合作和竞争强度的影响，并针对不同家庭结构进行数值仿真模拟，从中对老龄化条件下家庭人力资本投资的决策机制进行剖析。在系统分析的基础上，进一步探究老龄化条件下家庭人力资本投资的代际协调机制。

本领域的已有研究成果可以说非常丰富，它们为本书研究提供了很好的借鉴。综合分析国内外已有文献成果，可以得出三点基本判断。

第一，现有研究在家庭人力资本投资的代际合作、代际竞争方面已取得一些进展，但最大缺憾是未能将代际合作与竞争关系纳入统一的框架进行系统研究。家庭人力资本投资的代际合作与代际竞争之间既非相容也非简单互斥关系，二者之间存在多重动态影响链条。比如，人力资本投资代际竞争→＋子代教育投资预算约束→－人力资本投资代际合作→－教育人力资本投资→－家庭收入→＋人力资本投资代际竞争；又比如，人力资本投资代际竞争→＋提高家庭收入的需求→＋子代教育投资→＋人力资本投资代际合作→＋家庭收入→－人力资本投资代际竞争。统筹考虑代际合作与代际竞争对不同年龄群体人力资本投资的影响效应，才能厘清老龄化条件下人力资本投资的代际互动关系与微观决定机制。

第二，关于老龄化对家庭人力资本投资代际合作与竞争关系的影响，尚缺乏系统的实证研究与检验。有关老龄化微观影响的文献多针对第一次人口红利集中探讨家庭储蓄和消费决策，而关于老龄化对家庭代际关系以及家庭各代人力资本投资的微观影响，缺乏实证分析和数据测算。

第三，现有模型大多只考虑家庭决策主体的单一偏好，难以客观揭示家庭整体的代际人力资本投资的决策机制。我国制度与文化背景下的家庭代际关系中，利己与利他偏好同时发挥作用，因此将两类偏好统筹纳入理论模型才能客观分析我国家庭代际关系的特质，有助于获得创新性的研究结论。

基于以上文献梳理可知，科学协调人力资本投资的代际分配，降低代际竞争性，积极利用家庭人力资本投资的动态合作机制，提升各代人力资本投资水平，是本书预期的研究目标。具体而言，通过厘清老龄化条件下家庭人力资本投资的决策模式，分析其中的代际合作与竞争机制。在此基础上，揭示我国典型家庭结构中人力资本投资代际关系的动态演化，为优化家庭微观人力资本投资决策和国家宏观管理政策提供决策参考依据。

第二章　人力资本投资的阶段性特征
及其收益与风险测算

第一节　教育投资收益与风险研究回顾

亚当·斯密在其著作《国民财富的性质和原因的研究》（1776）中，把教育视为一种应该获得相当回报的投资，他指出："学习是一种才能，须受教育，须进学校，须做学徒，所费不少，这样费去的资本，好像已经实现并已经固定在学习者的身上。这些才能，对于他个人自然是财产的一部分，对于他所属的社会，也是财产的一部分。工人增进的熟练程度，可以和便利劳动、节省劳动机器和工具同样看作是社会上的固定资本。学习的时候，固然要花费一笔费用，但这种费用，可以得到偿还，赚取利润。"❶ 斯密并指出教育投资的多寡决定了劳动者在获得某种职业后劳动工资的差异。研究教育的家庭收益率是研究教育机会分配和收入结构关系的一个重要组成部分，也是国内外学术界关注的热点，学者们对教育收益率进行了丰富的研究。

一、教育投资收益率的比较性研究

第一，教育收益率的国家比较。诸多学者利用不同的研究方法对很多国家的教育收益率进行了估计，经济学家 Psacharopoulos（1972，1981，

---

❶ 亚当·斯密. 国富论. 北京：商务印书馆，1972：257－258.

1985 和 1994）在尽量保证可比性的前提下，对各国的研究进行了归类和总结，得出了不同国家和地区的各级教育收益率，其研究发现：在各教育层次中，初等教育的个人收益率最高，而且个人教育高于相对应的社会收益率，尤其在大学层次，这种差距在穷国的高等教育阶段最大；发展中国家的教育收益率高于相应的发达国家教育收益率，发展速度较快的国家教育收益率较高。Rati Ram（1996）总结了各国的研究，得出的结论基本一致，但是其估计结果高于 Psacharopoulos 的结果，不同经济发展水平国家回报率差别更大。

第二，教育收益率的城乡差异。目前的发展中劳动力市场存在着明显的城乡二元性，许多学者分别研究了农村与城镇的教育收益率并进行比较，大部分研究结果显示，农村的教育收益率明显高于城镇，如胡中、李实、李文彬等。只有少数对发展中国家教育收益率的城乡差异研究显示，城镇的教育收益率高于农村，Asadullah（2006）对孟加拉国的研究显示，1999—2002 年城镇教育收益率为 8.1%，农村教育收益率为 5.7%；Kimenyi（2006）的研究显示，无论哪个教育阶段，1994 年肯尼亚城镇教育收益率都高于农村，其中，大学阶段城镇教育收益率比农村高 20.6 个百分点。

第三，教育收益率的性别差异。Psacharopoulos（1985）研究显示，用 Mincer 方程估计的女性收益率高于男性。后来，大部分研究也显示出女性教育收益率高于男性，Moock 等（1998）的研究显示，越南男性教育收益率为 3.4%，女性为 6.8%；Patrions 和 Sakellarious（2006）研究显示，1987—2002 年委内瑞拉女性的教育收益率始终高于男性；Jamison 和 Gaag（1987）利用甘肃省 1985 年 3 月住户调查资料计算城乡教育投资明瑟收益率，结果表明城镇中男性的教育投资收益率为 4.5%，女性的教育投资收益率为 5.6%；孙志军（2004）对有关中国教育个人收益率的研究进行整理发现，男性的教育收益率低于女性，并且两者的差异有随时间扩大的趋势；赖德胜（1998）利用中国社科院经济研究所收入分配与改革课题组的 1995 年全国收入分配状况调查数据对城镇职工的教育收益进行估算，证实性别方面，男性职工教育收益率的增加快于女性，但女性职工的教育收益率（5.99%）依然高于男性职工（5.14%）。然而，Trostel，Walker 和

Wooley（2009）利用 1995 年 ISSP 跨国调查数据研究了 25 个国家的教育收益率，其中新西兰、西班牙、北爱尔兰和荷兰四个国家男性教育收益率高于女性。

第四，教育收益率的年龄差异。对教育收益率的年龄差异的研究，始于 Welch（1979）对 20 世纪 50 年代美国生育高峰对工资影响的研究，该结果显示生育高峰人口进入劳动力市场，使得大学毕业生工资下降幅度最大。当前世界各国对不同年龄教育收益率的研究并未得出一致结论。Deolalikar（1993）对印度尼西亚、Boockmanna 和 Steinerb（2006）对德国的相关研究显示，年长者的教育收益率较高；而 Gard 和 Lemieux（2001）对美国、英国和加拿大男性大学和高中毕业生的研究以及 Mcintosh（2006）对英国的研究都显示年轻人的教育收益率更高。Belman 和 Heywood（1997）利用 1991 年美国的数据估计显示教育收益率随着年龄的增大而先增后减。我国对教育收益率的年龄差距研究较少，王明进、岳昌君（2009）以劳动者参加工作的年代为区分进行教育收益率的测算，研究结果显示我国 20 世纪 80 年代中后期参加工作的劳动者的教育收益率高于 90 年代参加工作的劳动者；娄世艳、罗润东（2009）利用 2005 年全国性社会调查（CGSS）数据研究了我国城镇不同年龄段就业人口的教育收益率，发现城镇人口的教育收益率随年龄的变化基本呈现 U 形变化趋势，并且男性与女性的教育收益率随着年龄的波动规律是完全一致的，只是男性晚一个年龄段。

第五，教育收益率的其他方面。教育收益率还受到职业、行业、地区、所有制等其他因素的影响。孙志军（2004）对有关中国教育个人收益率的研究进行整理发现，所有制方面，国有部门和公共部门的教育收益率低于私人部门；地域方面，西部地区的教育收益率不低于东部地区；国际方面，中国教育收益率 2000 年后超过世界平均水平，但农村教育收益率始终较低。赖德胜（1998）研究发现在企业性质方面，外资企业的教育收益率（6.9%）高于全国平均的教育收益率。在教育层次方面，李实、李文彬（1994）根据中国社会科学院经济研究所收集的 1988 年城镇住户收入调查共 17891 个样本数据，利用明瑟收益率的方法对我国城镇职工的个人教育投资收益率进行了估算，发现小学、初中、高中和大学分别为：

2.7%、3.4%、3.9%和4.5%；诸建芳、王伯庆等（1995）使用中国社会科学院经济研究所和中国劳动部劳动科学研究所1992年对全国12个省26个市县的劳动调查数据估算明瑟教育投资收益率，研究发现专业教育收益率（3.0%）高于基础教育收益率（1.8%）。

二、教育收益率的测算方法与变化趋势研究

教育收益率的测算方法有：①内部收益率法。真正开始估计教育的收益率是在20世纪50年代后，舒尔茨（1961）和贝克尔（1964）大大推动了教育收益率的研究。这一时期的主要研究方法是内部收益率法。内部收益率法来自收益率的数学定义，即在某一时间点上，使得收益率等于成本流的折现率。这种方法计算出的是内部收益率。②成本—收益法。J. R. 沃尔什是世界上最早对教育投资进行成本—收益分析的经济学家，1935年他的《人力资本观》发表，在文中他用折现法对个人教育投资成本的现值与教育投资收益现值进行了比较，指出接受过高等教育者的净收益高于仅接受过高中教育者的净收益。加里·S. 贝克尔（1975）认为教育的成本包括机会成本（"应得收入"和"实际收入"之差）和直接成本（学杂费、书本费、增加的交通和住宿费等），净收益可定义为实际收入与直接教育费用的差。③收入函数法，即Mincer收入函数法，是由经济学家Mincer（明瑟）根据人力资本理论推导出的研究收入决定的模型，模型中的基本变量是教育和工作经历，其基本形式为 $lnincome = \beta_0 + \beta_1 edu + \beta_2 exp + \beta_3 exp^2 + \mu$。该方程是建立在人力资本理论上的，其中 $\beta_1 = r$，即回归系数 β_1 就是每增加一年教育而获得的平均私人收益率。明瑟收益率提供了一个劳动力定价模型，该模型给出了教育、工作经验等要素在劳动力市场上的报酬，尽管在严格意义上这并不是真正的收益率，但是其能够衡量一定量教育给劳动者带来的收入增长。由于这种方法简单易行，成为研究者使用最多的方法。

Psacharopoulos 和 Patrinos（2002）通过对国际教育研究的总结发现国际平均的教育收益率比20世纪90年代的统计结果降低了0.6%，他们对此给出的解释是教育供给的增加。但是现有研究表明，我国的教育收益率总体上呈现上升趋势。李实、丁赛（2003）使用来自中国社会科学院经济研究所收入分配课题组和城镇贫困研究课题组的住户抽样调查数据，利用

明瑟收益率方程对我国个人教育收益率的变动趋势进行研究，发现中国城镇个人教育收益率在 1990—1999 年呈现不断上升的趋势，10 年间上升了近 3 倍；高等教育的平均年收益率的增长幅度要大于初等教育。陈晓宇、陈良焜等（2003）以国家统计局城镇社会经济调查队的中国城市住户调查的 1991 年、1995 年及 2000 年数据为依据对我国的教育收益率进行研究，发现我国教育边际收益率从 1991 年的 2.9% 提高到 1995 年的 4.66%，进而提高到 2000 年的 8.53%，大学本科收益率从 4% 左右提高到 13%，他们认为教育层次越高教育收益率越高。从孙志军（2004）对我国城镇居民明瑟收益率的 18 项研究的总结中可以发现，20 世纪 80 年代到 90 年代中期，经济学家估计的教育收益率从 3% 左右上升到 5% 左右。然而丁小浩、余秋梅、于洪霞（2012）使用国家统计局城镇人户调查数据（2002—2009年），研究近 10 年来个人的教育收益率，发现近年来教育收益率变化并没有延续以往显著上升的走势，而是逐渐趋于平稳；而且在控制了行业、单位类型、地区等变量后，教育收益率变化趋势还出现了某种下降的迹象。

三、教育投资风险的研究

对教育投资的风险属性的描述最早可追溯到亚当·斯密，其著作《国富论》中指出，轻视危险和奢望成功的心理，一生中以选择职业的青年时期最为活跃。阿弗里德·马歇尔强调家庭为学生选择职业进行教育与正式进入职场获得职业报酬的这段时间内，存在很多变化，其中有些变化也许早有预兆，有些是连熟识该行业的人也是无法预料的。对于教育风险首先进行系统理论和实证考察的首推贝克尔。贝克尔在《人力资本》中对教育投资风险进行了精彩的论述，他指出："人力资本的世纪收益围绕着预期收益变动，这是因为某些因素的不确定性。一个年龄与能力既定的人的收益也是不确定的，因为还有许多无法预料的事情。"其后一些学者从更为广泛的角度分析了教育投资存在风险的原因。韦斯（1972）指出，人力资本投资存在诸多风险因素，首先，个人的生命周期是不确定的；其次，在个人的生命周期内市场状况可能发生较大变化；最后，个人在一个确定的市场条件下的实际收入也是未知的。哈特戈（2002）认为学生面临一系列的风险，如对教育项目内容的不完全信息以及个人爱好、能力甚至生命长短的不确定、劳动力市场的不确定等；而在人力资本投资分析中缺少对风险的分析。

教育投资风险研究的基本思路是：①研究风险对人力资本决策的影响。以人力资本投资风险的计量为切入点，将风险投资内化为影响教育投资决策的因素，分析不同的风险水平下的教育投资决策。科迪、威廉姆斯都曾指出，较高水平的教育投资风险将导致教育投资水平的下降；而哈特戈和塞瑞拉则认为风险的增加会对教育投资决策产生不同的影响，如风险规避者将选择减少教育投资以降低教育风险。②分析教育收益与风险之间的关系。洛和俄米斯顿考察了个人收入函数的一阶矩和二阶矩，发现教育对收入方差有正影响，并且教育收益随着个人风险回避程度的提高而下降；King（1974）在其研究中指出高风险的职业往往具有较高的平均收益；夏洛特·克里斯泰森通过建立人力资本投资组合分析模型，发现存在明显的风险—收益权衡，投资风险与教育层次和教育类型相关。佩雷拉和马丁斯通过对多个国家数据的分析也证实了教育投资收益与风险之间存在着正相关关系。③教育投资风险的影响因素。企业性质、性别、教育层次等对教育投资风险有影响。韦斯研究发现，私营企业和教育机构内的科学家们的收入风险随着受教育程度的提高而下降，而政府部门除外。芬伯格（1981）使用6年的面板数据对男性和女性的收入不确定性进行估计，研究表示女性在收入不确定性条件下得到的工资补偿显著低于男性；迈克·哥德瑞克（1995）研究发现，在收入不确定条件下，补偿性工资在男性和女性中都存在，并且男女之间存在显著的工资补偿差异。洛和俄米斯顿的研究认为收益风险随着教育层次的增加而增加；贝尔瑞和汉森（2002）的实证研究发现工资离散程度在9年学校教育年限时取得最大值随后减小。

教育投资风险研究的基本方法：①方差法。自马克维茨的投资组合研究以来，投资风险或投资收益的不确定性多用统计学中的方差（或标准差）来度量。方差反映的是随机变量对数学期望的偏离程度，因此，投资风险定义为实际收益偏离预期收益的潜在可能性。最早对个体教育投资风险进行计量研究的是拉芙瑞和威尔斯，他们建立了一个两阶段模型，第一阶段为工作或学习，第二阶段为工作。第一阶段若风险增加将会减少受教育的时间投资，这里把受教育时间作为变量，风险是用受教育时间的方差衡量的。威廉姆斯把随机动态规划模型应用到教育投资决策中，把人力资本生产的变化作为衡量人力资本投资风险的标准；人力资本生产的方差越大，人力资本投资的风险越高。②分位数回归法。分位数回归法最早是由科恩可和巴萨特（1978）提出的，在教育投资收益率变动计量中，分位数回归法是把个体收入分布中处于不同分位点上的自变量的不同作用考虑在内，利用明瑟收益率方程进行回归分析，得到不同分位点上的教育收益率。

国内研究现状与国外相比，国内对人力资本投资风险问题的研究在时间上起步比较晚。唐正荣、石大建参照物质资本投资的定义把人力资本投资风险界定为人力资本进行投资后所得收益的不确定性。张凤林（2000）指出由于人力资本形成的时间一般要比物质资本长，因此增大了人力资本投资的不确定性风险。孔令峰（2002）认为，作为一种投资，人力资本和物质资本一样都具有风险，只是因为人力资本投资效益的多样化及投资效益难于精确度量而被人们忽视，实际上人力资本投资是一种较物质资本更为复杂、更具有不确定性的投资行为。向志强（2002）从人力资本生命周期的角度指出，人力资本质量生命周期的缩短是人力资本投资风险产生的重要原因，同时他认为人力资本投资风险在理论上主要是由教育体制和生产要素市场上的供求规律造成的。赖德胜（2009）将高等教育投资的风险分为依附性风险、选择性风险、失业性风险和流动性风险。马晓强，丁小浩（2005）利用分位数回归的方法发现我国居民教育投入存在高收益、高风险和教育边际收入递减的趋势。刘丽芳（2010）使用中国社会科学院经济研究所"中国城乡居民收入分配"课题组2002年住户调查数据，运用分位回归系数的变异系数作为风险值，对教育投资风险值进行估计。赵宏斌、赖德胜（2006）则研究了个体教育投资风险与教育资产组合选择之间的关系。李锋亮、陈鑫磊（2013）基于中国劳动力市场多重分割的视角，使用2009年CHNS数据，分析了考虑实物期权价值后的个体教育投资的收益与风险。

综合分析国内外已有文献成果，有待进一步研究和改进的内容包括：第一，我国目前的家庭高等教育成本—收益问题研究中存在着理论研究和实证研究脱节问题。一方面，理论研究已经提出了教育直接收益和间接收益的概念，并且进行了较为深入的探讨；另一方面，教育收益的实证研究却仍较集中于直接货币收入。这种情况的存在不免使研究存在一定的片面性，特别是在考虑到家庭高等教育投资所带来的私人收益是否足以弥补其私人成本时，如果只考虑货币收益而忽视非货币收益，会低估家庭高等教育投资的收益率，从而影响家庭进行高等教育投资的积极性。第二，绝大多数家庭高等教育间接收益的实证研究只关注了代际间的利益传导关系，并且大多只考察了对子女的人力资本投资及对父母的经济帮助这两方面，而对家庭高等教育间接收入的其他形式和各种家庭高等教育收益间的影响关系没有给以足够的研究。后者恰恰对研究我国家庭高等教育投资中的收益对成本的补偿方式具有重要意义。第三，已有文献更多地侧重于考察教育投资所带来的收益的绝对值或收益增加的百分比，而在教育投资成本对教育投资收益的影响力方面的研究有所欠缺，难于排除干扰因素进而考察纯粹由教育投资所带来的收益。现有研究成果存在的上述经验与不足，为我们的研究提供了有价值的切入点和分析向导。

第二节　教育投资收益与风险的实证分析

一、方法讨论与数据描述

Mincer（1974）根据人力资本理论推导出研究收入决定的函数即明瑟收入方程，该模型包含两个基本的变量：教育和工作经历，明瑟收入方程是估计教育收益率的基本方法，其方程如下：

$$\ln income_i = \beta_0 + \beta_1 edu_i + \beta_2 exp_i + \beta_3 exp_i^2 + \mu_i$$

其中 $income_i$ 为第 i 个样本的月平均总收入，edu_i 为第 i 个样本的受教育年限，exp_i 为第 i 个样本的工作经验，β_0 为常数项，μ_i 为误差项。估计系数 β_1 为不考虑教育成本时的毛教育投资收益率。

明瑟收入方程分析了工资收入的决定因素，在教育收益率的估计中具有非常重要的意义。但其以劳动力市场完全竞争为假设前提，假定不同劳动者的收入差异主要是由于其受教育程度和工作年限不同造成，没有考虑其他因素对工资的影响，从而在很大程度上高估教育收益率。目前我国劳动力市场并不完善，劳动力市场分割依然存在，因此在分析教育收益率时，就需将性别、行业、单位类型和区域等控制变量引入收入方程。引入控制变量的扩展明瑟方程如下：

$$\ln income_i = \beta_0 + \beta_1 edu_i + \beta_2 exp_i + \beta_3 exp_i^2 + \beta_4 sex_i +$$
$$\beta_5 ind_i + \beta_6 org_i + \beta_7 reg_i + \mu_i$$

其中，sex 是性别虚拟变量；ind 是行业虚拟变量；org 是单位类型虚拟变量；reg 是地区虚拟变量。

Koenker 和 Bassett（1978）提出了分位数回归法，其后，该方法得到了广泛的应用。分位数回归法是在考虑不同分位点上自变量不同作用的基础上，通过明瑟收入方程测算不同分位点上的教育收益率。分位数回归中参数估计一般采用加权最小一乘（Weighted Least Absolute，WLA）准则。与方差法相比，分位数回归全面描述了因变量的条件分布，因而在一定程度上矫正了个人教育收益率数据分布易出现的偏斜状态，和一般分布下投资者的真实心态更为接近。分位数回归基本模型的方程表达式为：

$$\ln income_i = X_i \beta_\theta + \mu_{\theta i} \quad 且 \quad Quant_\theta(\ln income_i \mid X_i) = X_i \beta_\theta$$

其中，$Quant_\theta(\ln income_i \mid X_i)$ 表示在已知解释变量 X_i 时，处于 θ 分位数的被解释变量，β_θ 为参数向量，$\mu_{\theta i}$ 为误差项，$0 < \theta < 1$，表示特定的分位数。分位数回归系数 β_θ 的估计值通过最小化绝对利差求得：

$$\min_{\beta \in R^k}\left\{\sum_{i:y_i \geqslant x_i\beta_\theta} \mid \ln W_j - x_i\beta_\theta \mid + \sum_{i:y_i < x_i\beta_\theta}(1-\theta)\mid \ln W_j - x_i\beta_\theta \mid\right\}$$

对家庭教育风险的测算主要借鉴佩雷拉和马丁斯提出的教育投资风险计量指标，即通过对明瑟收入方程进行分位数回归估计（Quintile Regression），采用最后一个分位数和第一个分位数教育收益率系数的差值的绝对值作为教育投资的风险值，即 $DIFF = \mid \beta_{last} - \beta_{1st} \mid$，DIFF 越小，表示参数向量的离散程度也就越小，那么也意味着风险越小；相反，DIFF 越大，参数向量的离散程度越大，教育投资的风险也就越大。

测算数据使用中国家庭收入调查（CHIP）数据，该调研由中国社会科学院经济研究所"中国城乡居民收入分配"课题组、福特基金赞助；所有调查样本都来自国家统计局常规住户调查样本框。使用该数据进行教育收益和风险研究具有独特的优势：一是样本覆盖区域广，而且城镇住户和农村住户分别调查；二是数据量大；三是时间跨度较长；四是收入和教育的相关统计指标详尽。

下面使用了 CHIP 数据库中 1995 年、2002 年和 2008 年的数据。其中，1995 年的调查覆盖 19 个省（直辖市、自治区），调查了 691 户城镇家庭，共涉及 21696 位城镇居民；2002 年的调查覆盖 22 个省（直辖市、自治区），调查了 6835 户城镇家庭和 20632 位城镇居民；2008 年的城镇劳动力调查覆盖了 9 个省份的 5000 户家庭，总人口为 14859 人。该调查涵盖个人基本特征信息（年龄、性别、受教育程度）和就业单位所有制性质、行业、省份、收入等信息。为了分析教育个人投资收益和风险，样本的选取包括 1995 年、2002 年和 2008 年的城镇在职职工，当年处于下岗、失业状态和离退休在职人员不包含在内。同时将个体经营者和自我经营者排除在外，因为他们的收入不仅受到人力资本的影响，还受到物质资本的影响，工作年限和工资收入观察值缺失的样本被剔除。在本研究中，1995 年、2002 年和 2008 年使用的样本量分别为 11471、10168 和 6593 个数据。

为实证分析我国城镇居民教育收益和风险，选取月收入对数为解释变量，教育和工作经验为被解释变量；性别、行业、单位类型和地区为控制变量，具体如下：

（1）月工资对数：相关文献中工资收入一般采用小时工资、月工资或年工资三种指标，本书采用月工资（包括工资、奖金和津贴）。

（2）教育：教育以教育年限衡量。CHIP 数据库直接提供了关于受访者的受教育年限，因而直接采用 CHIP 数据库中的数据。

（3）工作经验：工作经验用工作年限来衡量，其由年龄减教育年限再减小学入学法定年龄（6 周岁）。

（4）性别：虚拟变量，分为男性和女性（男性为 1，女性为 0）。

（5）行业：根据行业的相近性可以将其划分为 5 类，第一类为第一产业，包括农林牧渔业；第二类为竞争性较强的第二产业，即制造业；第三类为垄断性和资源依赖性较强的第二产业，包括采矿业、电力燃气及水的生产和供应业、建筑业；第四类为附加值较低的第三产业，包括住宿餐饮业、批发零售业、租赁和商务服务业、居民服务和其他服务业；第五类为附加值较高的第三产业，包括交通运输仓储及邮电通信业，信息传输计算机服务和软件业，金融业，房地产业，科学研究、技术服务和地质勘探业，水利、环境和公共设施管理业，教育、卫生、体育和社会福利业，文化、体育和娱乐业，公共管理和社会保障，国际组织；其中第一产业农林牧渔业为参照组。

（6）单位类型：我国的就业单位类型包括国有经济单位、城镇集体经济单位、民营和私营单位、外资与外资控股合资企业以及其他就业者，其中国有经济单位为参照组。

（7）地区：地区类型包括东部、中部和西部，根据经济发展水平和地理位置，1986年将我国划分为东部、中部和西部三个地区，并由全国人大六届四次会议通过的"七五"计划正式公布，东中西部的划分以此为标准，其中东部为参照组。

在所使用的样本数据中，未经过对数转换的工资收入的分布特征如图2-1所示，呈现出强烈的左偏态，而经过对数处理后，对数工资的分布总体呈正态分布（如图2-2所示）。

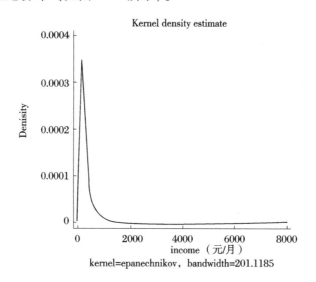

图 2 - 1　工资分布

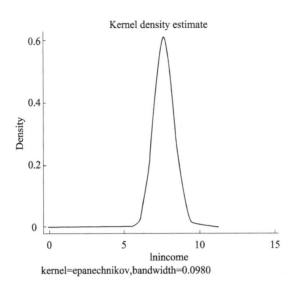

图 2 - 2 工资（对数）分布

表 2 - 1 给出了 1995 年、2002 年和 2008 年月工资收入、教育年限和工作经验等基本变量的描述统计结果。整体来看，1995 年、2002 年和 2008 年间工资收入和教育水平都呈现出增长的趋势；其中，收入水平从 1995 年的 513.86 元增长到 2008 年的 2684.93 元；平均受教育年限从 1995 年的 10.81 年增加到 2008 年的 12.1 年。

表 2 - 1 基本变量的描述性统计

变量	income（元/月）	edu（年）	exp	exp^2	样本量
1995 年	513.86	10.81	20.68	528.87	11471
2002 年	1012.42	11.41	22.1	591.54	10168
2008 年	2684.93	12.1	19.98	519.91	6593

注：exp^2 是工作经验二次方的均值，由统计工具自动得出，后同。

图 2 - 3 给出了不同受教育程度的年龄—收入关系曲线，总体上，在整个生命周期中工资收入为倒 "U" 形曲线，即工资收入随着年龄的增加先增长后降低。在相同年龄组中，总体上平均工资水平与受教育程度呈正向变动关系，受教育程度越高，工资收入水平也越高；而且相对于 1995 年，2002 年和 2008 年不同学历之间的收入差距显著扩大，即相同年龄组中不同

教育层次之间的工资收入差距呈现扩大的趋势。对不同年龄段的收入进行比较发现，不同受教育程度的工资收入差距总体上随着年龄的增长而进一步扩大，即受教育程度越高，平均工资水平越高，工资增长速度也越快。

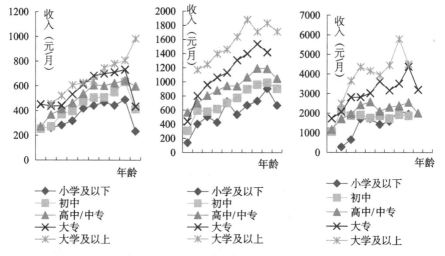

图 2-3 不同受教育程度年龄—收入关系（从左向右依次为 1995 年、2002 年和 2008 年）

不同性别下的平均工资收入和受教育程度如表 2-2 所示。在性别比例方面，男性劳动力在整体上占据数量优势，而且男女劳动力比例之差从 1995 年的 5.8% 扩大到 2008 年的 13.5%；这一性别比例与我国的国情基本相符。在性别教育程度方面，1995 年和 2002 年女性的受教育程度总体上低于男性，但是男女之间的受教育程度差距不断缩小，甚至在 2008 年女性的平均受教育程度略高于男性。但是在性别工资收入方面，1995 年、2002 年和 2008 年男性的月工资收入均高于女性，而且收入差距不断扩大。

表 2-2 性别差异描述

变量	1995 年			2002 年			2008 年		
	整体	男性	女性	整体	男性	女性	整体	男性	女性
income（元/月）	513.86	555.85	466.71	1012.42	1107.93	893.55	2684.93	3026.97	2224.74
edu（年）	10.81	11.11	10.47	11.41	11.47	11.34	12.1	12.09	12.1
exp	20.68	21.68	19.55	22.1	23.34	20.55	19.98	21.66	17.72
exp^2	528.87	580.96	470.37	591.54	653.13	514.88	519.91	599.52	412.81
样本比例	1	0.529	0.471	1	0.5545	0.4455	1	0.5676	0.4324

　　不同行业下的平均工资收入和受教育程度如表2-3所示。在产业结构方面，第三产业的比重最高，而且所占比重呈上升趋势。在不同行业的受教育程度方面，2002年和2008年受教育程度较高的均是附加值较高的第三产业，而且工作年限比较低，即呈现出年轻化趋；受教育程度最低的是附加值较低的第三产业。在不同行业的工资收入差异方面，2002年平均工资收入最高的是附加值较高的第三产业，然而到2008年平均工资收入最高的为第一产业即农林牧渔业；2002年和2008年工资收入水平最低的均为附加值较低的第三产业。

表2-3　行业差异描述

行业	年份	income（元/月）	edu（年）	exp	exp^2	样本比例
农林牧渔	2002	1075	11.81	21.29	548.42	0.012195
	2008	3444	11.31	25.53	756.55	0.007432
竞争力较强的第二产业	2002	874.5	10.61	23.77	652.49	0.249115
	2008	2506	11.62	22.03	598.25	0.170332
垄断性较强的第二产业	2002	1067	11.12	22.66	611.63	0.079957
	2008	2970	11.98	20.22	528.00	0.085545
附加值较低的第三产业	2002	806.1	10.57	21.75	581.57	0.246164
	2008	2155	11.18	20.24	527.75	0.306992
附加值较高的第三产业	2002	1206	12.45	21.21	558.06	0.412569
	2008	3065	12.98	18.83	477.56	0.429698

　　不同的单位类型下的工资收入和受教育程度如表2-4所示。在就业单位的就业量分布方面，国有经济单位的就业占比逐年降低，民营和私营单位以及外资与外资控股合资企业的就业占比不断增加。在受教育程度差异方面，除1995年平均受教育程度最高的为国有经济单位外，2002年和2008年平均受教育程度最高的为外资与外资控股合资企业。在工资收入差异方面，1995年、2002年和2008年平均收入水平最高的均为外资与外资控股合资企业；除其他经济单位类型，1995年和2002年工资收入水平最低的为城镇集体经济单位，然而2008年受经济危机的影响工资收入水平最低的为民营和私营单位。

表 2 - 4 就业单位类型的差异性描述

就业单位类型	年份	income（元/月）	edu（年）	exp	exp^2	样本比例
国有经济单位	1995	532.12	11.09	20.67	527.92	0.830442
	2002	1089.37	11.87	22.26	596.84	0.677124
	2008	2918.51	12.43	20.54	540.81	0.288943
城镇集体经济单位	1995	396.89	9.3	21.59	559.6	0.149507
	2002	698.44	10.07	24.4	681.89	0.068647
	2008	2721.95	12.64	20.44	538.09	0.284241
民营和私营单位	1995	487.2	11.09	11.84	215.34	0.00279
	2002	861.64	10.31	21.37	563.03	0.206137
	2008	2597.77	12.06	18.08	447.07	0.215987
外资与外资控股合资企业	1995	721.95	10.92	13.12	287.51	0.012788
	2002	1343.25	12.26	15.99	373.87	0.021833
	2008	3541.46	13.15	14.08	302.73	0.043834
其他经济单位	1995	459.1	9.27	19.63	560.06	0.004555
	2002	757.61	11.21	22.54	623.4	0.026259
	2008	2105.68	10.37	22.23	604.04	0.166995

不同地区的工资收入和受教育程度如表 2 - 5 所示。在就业分布方面，1995 年、2002 年和 2008 年就业人口最高的均为东部地区，最低的均为西部地区；这与样本的覆盖面的选择相关。在受教育程度方面，除 2002 年（中部地区最高）外，东部地区的平均受教育年限最高。在工资收入差异方面，1995 年、2002 年和 2008 年东部地区的平均收入水平均为最高，中部地区的平均收入水平最低，而且东中西部地区之间的平均收入差距有进一步扩大的趋势。

表 2 - 5 不同地区的统计性描述

地区	年份	income（元/月）	edu（年）	exp	exp^2	样本比例
东部	1995	643.35	10.9	21.27	553.54	0.37233
	2002	1254.71	11.48	22.62	624.46	0.381688
	2008	3313.27	12.13	19.85	522.46	0.487942
中部	1995	421.51	10.76	19.84	497.29	0.351931
	2002	828.96	11.51	21.29	547.56	0.347168
	2008	1995.18	11.99	20.19	514.29	0.309419

地区	年份	income（元/月）	edu（年）	exp	exp^2	样本比例
西部	1995	465.88	10.74	20.95	535.86	0.275739
	2002	906.2	11.2	22.39	601.5	0.271145
	2008	2225.15	12.18	19.96	522.37	0.202639

二、教育投资的收益与风险分析

教育投资收益主要是指家庭、个人和社会因投资于教育活动而获得的货币性和非货币性收益。按照投资主体的不同，教育收益也可以分为个人收益和社会收益；按照投资收益的形式不同，可以分为货币收益和非货币收益。我们主要研究教育的个人货币收益。

首先以基本的明瑟收入方程为研究起点，利用 OLS 对整体样本进行回归分析。由表 2-6 可知，在 OLS 下普通明瑟收入方程的 F 值全部通过检验，且都在 0.000 的水平下显著；但教育对收入的影响系数远大于工龄对收入的影响系数。回归结果显示，1995 年、2002 年和 2008 年的教育收益率分别为 6.65%、9.85% 和 10.3%，总体上教育收益率呈不断增长的趋势；但是 1995—2002 年的教育收益率平均增长幅度要高于 2002—2008 年间的教育收益率平均增长幅度，即教育收益率的增长幅度呈下降的趋势。

表 2-6　普通明瑟方程各因变量对总收入对数回归的结果

变量	系数		
	1995 年	2002 年	2008 年
edu	0.0665 ***	0.0985 ***	0.103 ***
	(0.0019)	(0.00242)	(0.00358)
exp	0.0498 ***	0.0332 ***	0.0222 ***
	(0.00238)	(0.00267)	(0.00258)
exp^2	−0.000681 ***	−0.000294 ***	−0.0002905 ***
	(5.55e−05)	(5.89e−05)	(6.29e−05)
Constant	4.688 ***	5.025 ***	6.101 ***
	(0.0346)	(0.0444)	(0.0586)

注：***、**、* 分别表示在置信度水平 1%、5% 和 10% 下显著（下同）。

  普通的明瑟收入方程估计的结果由于没有控制其他变量的影响，因而测算的教育收益率称为教育的毛收益率。为获得更加精准的教育收益率，估计教育的净收益率，控制其他变量利用扩展的明瑟收入方程进行估计。

  在控制了性别、行业、单位类型和地区等可能影响工资水平的因素后的估计结果（如表2-7所示）显示，相对于普通明瑟方程，在扩展的明瑟方程中，教育收益率有较大幅度的下降，1995年、2002年和2008年教育收益率分别下降了0.79%、1.7%和1.65%。但是不同的控制变量对教育收益率的影响是不同的，进一步研究只控制一种类型因素的情形。分别控制性别、行业、单位类别和地区变量后的估计结果显示，教育收益率均低于基本明瑟方程的教育收益率，但是下降幅度有所差异。具体而言，1995年在控制单位类型这一变量后教育收益率最低（5.91%），下降了0.74%；而2002年和2008年在控制行业这一变量后教育收益率最低（分别为8.23%和8.87%），分别下降了1.62%和1.43%；1995年、2002年和2008年在控制地区变量后教育收益率下降幅度最小（分别为0.27%、0.24%和0.1%）。引入性别、行业、单位类型和地区等控制变量后教育收益率估计结果下降，说明教育收益率的水平与其工作特性、地区等密切相关。

表2-7 一次扩展的明瑟方程各因变量对总收入对数回归的结果

模型	变量	1995 年	2002 年	2008 年
扩展的明瑟方程	edu	0.0523 *** (0.00183)	0.0713 *** (0.00241)	0.0780 *** (0.00348)
	exp	0.0512 *** (0.002246)	0.0382 *** (0.00248)	0.0282 *** (0.00238)
	exp^2	− 0.000771 *** (5.28e − 05)	− 0.000517 *** (5.52e − 05)	− 0.000556 *** (5.82e − 05)
仅控制性别	edu	0.0625 *** (0.00195)	0.0949 *** (0.0024)	0.0946 *** (0.00356)
仅控制行业	edu	—	0.0823 *** (0.00250)	0.0887 *** (0.00369)
仅控制单位类型	edu	0.0591 *** (0.00196)	0.0884 *** (0.00248)	0.0941 *** (0.00370)
仅控制地区	edu	0.0638 *** (0.00181)	0.0961 *** (0.00236)	0.102 *** (0.00341)

注：1995 年行业变量缺失，仅控制了性别、单位类型和地区变量。

对 1995 年、2002 年和 2008 年的整体样本在 5、15、25、35、45、55、65、75、85 和 95 分位数水平上进行回归。表 2 − 8 为基本的和扩展的明瑟收入方程的分位数回归结果。

表 2 − 8　教育投资风险分位数回归

变量	分位数	系数					
		基本的明瑟收入方程			扩展的明瑟收入方程		
		1995 年	2002 年	2008 年	1995 年	2002 年	2008 年
edu	0.05	0.109 *** (0.00483)	0.113 *** (0.00760)	0.0904 *** (0.00725)	0.0859 *** (0.00544)	0.0974 *** (0.00631)	0.0761 *** (0.00689)
	0.15	0.0843 *** (0.00227)	0.114 *** (0.00416)	0.105 *** (0.00468)	0.0672 *** (0.00317)	0.0810 *** (0.00449)	0.0801 *** (0.00386)
	0.25	0.0726 *** (0.00209)	0.112 *** (0.00298)	0.111 *** (0.00358)	0.0567 *** (0.00227)	0.0764 *** (0.00281)	0.0850 *** (0.00309)
	0.35	0.0657 *** (0.00169)	0.108 *** (0.00279)	0.114 *** (0.00438)	0.0511 *** (0.00234)	0.0723 *** (0.00246)	0.0858 *** (0.00268)
	0.45	0.0600 *** (0.00204)	0.102 *** (0.00257)	0.108 *** (0.00313)	0.0476 *** (0.00169)	0.0695 *** (0.00274)	0.0852 *** (0.00338)
	0.55	0.0565 *** (0.00183)	0.0964 *** (0.00249)	0.110 *** (0.00376)	0.0445 *** (0.00151)	0.0682 *** (0.00257)	0.0837 *** (0.00274)
	0.65	0.0517 *** (0.00210)	0.0919 *** (0.00246)	0.104 *** (0.00426)	0.0408 *** (0.00201)	0.0680 *** (0.00225)	0.0830 *** (0.00345)
	0.75	0.0490 *** (0.00209)	0.0882 *** (0.00278)	0.102 *** (0.00476)	0.0384 *** (0.00185)	0.0627 *** (0.00218)	0.0776 *** (0.00405)
	0.85	0.0449 *** (0.00230)	0.0859 *** (0.00319)	0.103 *** (0.00511)	0.0347 *** (0.00264)	0.0596 *** (0.00338)	0.0755 *** (0.00421)
	0.95	0.0383 *** (0.00508)	0.0796 *** (0.00458)	0.0784 *** (0.00739)	0.0309 *** (0.00359)	0.0555 *** (0.00471)	0.0596 *** (0.00701)
DIFF		0.0707	0.0334	0.012	0.055	0.0419	0.0165

由表 2 − 8 可知，在对总体样本的分位数回归中，各分位点所得的教育收益率各不相同，计算 DIFF 值，可分别得到 1995 年、2002 年和 2008 年的教育投资风险值分别为 7.07%、3.34% 和 1.2%，总体上教育投资的风险呈降低的趋势。控制性别、行业、单位类别和地区等变量后进一步研究

城镇居民家庭教育投资风险发现，1995 年、2002 年和 2008 年的 DIFF 值分别为 5.5%、4.19% 和 1.65%，即总体上教育投资风险仍呈现下降的趋势；但是除 1995 年外，2002 年和 2008 年的教育投资风险高于基本的明瑟收入方程下的教育投资风险。此外，在增加性别、行业、单位类别和地区等变量后，1995 年、2002 年和 2008 年各分位点上的教育收益率均呈现不同程度的下降。

从图 2-4 可以看出，1995 年和 2002 年的教育收益率随着分位数的升高而降低；1995 年教育收益率由 5 分位的 10.9% 下降到 95 分位的 3.83%，而 2002 年的教育收益率由 5 分位的 11.3% 下降到 95 分位的 7.96%。但是 2008 年的教育收益率的分位数回归估计系数呈现 倒 "U" 形，这说明我国的教育收益率分布特征发生了变化。教育收益率在不同收入分位点上变动趋势的不同特征具有不同的政策含义。如果不同收入分位点下的教育收益率分布呈下降的趋势，说明增加教育有助于提高低收入阶层的收入；而如果教育收益随收入分位点的上升而增加，则说明增加教育将会进一步扩大收入差距。

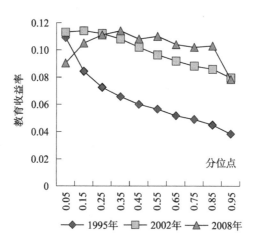

图 2-4　基本明瑟方程下的分位数回归

从图 2-5 可以看出，增加控制变量后不同分位点上教育收益率的总体变化特征并没有发生变化。1995 年和 2002 年的教育收益率随着分位数的上升而下降；2008 年的教育收益率的分位数回归估计系数呈现随着分位数的上升而先升后降的趋势；教育收益率在 95 分位点最低，在 35 分位点最高。

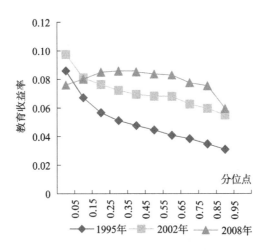

图 2 - 5 扩展明瑟方程下的分位数回归

第三节 教育收益与风险的差异性分析

一、教育收益与风险的性别差异

在劳动力市场中，男性与女性劳动者的个人教育收益率是有差异的。如表 2 - 9 所示，男性和女性劳动者之间教育投资收益率差异一直存在，并且非常显著，总体上男性的教育收益率高于女性的教育收益率，而且男女之间的教育收益率差距呈现不断扩大的趋势。在进一步控制行业、单位类型和地区等其他影响因素后，1995 年、2002 年和 2008 年男性的教育收益率依然高于女性，但是男性和女性之间的教育收益率差距有所缩小。

表 2 - 9 教育收益率的性别差异

变量	教育收益率					
	仅控制性别			扩展的明瑟收入方程		
	1995 年	2002 年	2008 年	1995 年	2002 年	2008 年
edu	0.0625 ***	0.0949 ***	0.0946 ***	0.0523 ***	0.0713 ***	0.0780 ***
	(0.00195)	(0.0024)	(0.00356)	(0.00183)	(0.00241)	(0.00348)
*sex*1	0.135 ***	0.176 ***	0.274 ***	0.118 ***	0.148 ***	0.244 ***
	(0.0109)	(0.0125)	(0.0161)	(0.0102)	(0.0116)	(0.0151)

表2-10显示了男女之间的教育投资风险，实证结果显示，1995年和2002年男性的DIFF值小于女性，即男性的教育投资风险小于女性，但是男女之间的教育投资风险差异呈现不断缩小的趋势。在2008年女性的DIFF值小于男性，即女性的教育投资风险低于男性，但是男性的平均教育收益率高于女性。

表2-10 男女教育收益率分位数分布

分位点	1995 年		2002 年		2008 年	
	男性	女性	男性	女性	男性	女性
0.05	0.0802 *** (0.00495)	0.128 *** (0.00935)	0.0898 *** (0.00860)	0.124 *** (0.0101)	0.0868 *** (0.0117)	0.0804 *** (0.0101)
0.15	0.0670 *** (0.00290)	0.0965 *** (0.00373)	0.0963 *** (0.00495)	0.119 *** (0.00633)	0.108 *** (0.00733)	0.0863 *** (0.00842)
0.25	0.0576 *** (0.00239)	0.0826 *** (0.00349)	0.0951 *** (0.00379)	0.122 *** (0.00573)	0.104 *** (0.00569)	0.0976 *** (0.00759)
0.35	0.0528 *** (0.00240)	0.0748 *** (0.00278)	0.0896 *** (0.00378)	0.120 *** (0.00565)	0.0980 *** (0.00388)	0.105 *** (0.00597)
0.45	0.0469 *** (0.00209)	0.0703 *** (0.00320)	0.0873 *** (0.00322)	0.114 *** (0.00446)	0.0939 *** (0.00524)	0.107 *** (0.00823)
0.55	0.0451 *** (0.00262)	0.0679 *** (0.00292)	0.0853 *** (0.00335)	0.110 *** (0.00369)	0.0950 *** (0.00515)	0.102 *** (0.00552)
0.65	0.0408 *** (0.00243)	0.0617 *** (0.00297)	0.0829 *** (0.00299)	0.105 *** (0.00464)	0.0923 *** (0.00627)	0.106 *** (0.00577)
0.75	0.0387 *** (0.00275)	0.0562 *** (0.00360)	0.0830 *** (0.00370)	0.0951 *** (0.00495)	0.0945 *** (0.00564)	0.0937 *** (0.00652)
0.85	0.0368 *** (0.00363)	0.0518 *** (0.00389)	0.0798 *** (0.00570)	0.0892 *** (0.00609)	0.0877 *** (0.00794)	0.0904 *** (0.00876)
0.95	0.0299 *** (0.00543)	0.0421 *** (0.00696)	0.0760 *** (0.00680)	0.0706 *** (0.00825)	0.0741 *** (0.0106)	0.0739 *** (0.0172)
DIFF	0.0503	0.0859	0.0138	0.0534	0.0127	0.0065

二、教育收益与风险的行业差异

不同行业的教育收益率也是不同的，回归结果（如表2-11所示）显示 2002 年附加值较高的第三产业教育收益率最高。然而 2008 年农林牧副渔业的教育收益率最高，垄断性和资源依赖性较强的第二产业其次，附加值较高的第三产业位于第三，但是 2002 年和 2008 年附加值较高的第三产业均没有通过显著性检验。2002 年和 2008 年教育收益率最低的均为附加值较低的第三产业即批发业和零售业、住宿餐饮业、租赁和商务服务业、居民服务和其他服务业等行业。

表 2 - 11　教育收益率的行业差异

变量	教育收益率			
	仅控制行业		扩展的明瑟方程	
	2002 年	2008 年	2002 年	2008 年
edu	0.0823 ***	0.0887 ***	0.0713 ***	0.0780 ***
	(0.00250)	(0.00369)	(0.00241)	(0.00348)
ind2	− 0.157 ***	− 0.276 ***	− 0.157 ***	− 0.271 ***
	(0.0470)	(0.0939)	(0.0461)	(0.0824)
ind3	− 0.00629	− 0.126	− 0.00756	− 0.0625
	(0.0503)	(0.0959)	(0.0492)	(0.0841)
ind4	− 0.254 ***	− 0.425 ***	− 0.244 ***	− 0.333 ***
	(0.0477)	(0.0935)	(0.0471)	(0.0819)
ind5	0.0833	− 0.148	0.0644	− 0.0811
	(0.0463)	(0.0929)	(0.0452)	(0.0814)

就教育投资风险而言，实证分析结果显示（如表 2 - 12 所示），2002 年垄断性或资源依赖性较强的第二产业的教育投资风险最小，而第一产业的教育投资风险最高。而 2008 年教育投资风险最小的是附加值较低的第三产业，垄断性或资源依赖性较强的第二产业成为教育投资风险最高的行业。从时间角度分析，第二产业的教育投资风险有所提高，而第一产业和第三产业的教育投资风险均有所下降，其中第一产业的教育投资风险下降幅度最大。

表 2-12 教育投资风险的行业差异

分位点	第一产业		竞争性较强的第二产业		垄断性或资源依赖性较强的第二产业		附加值较低的第三产业		附加值较高的第三产业	
	2002 年	2008 年	2002 年	2008 年	2002 年	2008 年	2002 年	2008 年	2002 年	2008 年
0.05	0.117*** (0.0397)	0.165** (0.0722)	0.0849*** (0.0114)	0.0524*** (0.0159)	0.0964*** (0.0140)	0.131*** (0.0335)	0.0844*** (0.0108)	0.0443*** (0.0143)	0.121*** (0.00676)	0.124*** (0.0108)
0.15	0.110*** (0.0214)	0.149*** (0.0378)	0.0743*** (0.00687)	0.0781*** (0.0123)	0.106*** (0.0168)	0.109*** (0.0172)	0.0666*** (0.00997)	0.0479*** (0.00819)	0.111*** (0.00685)	0.124*** (0.00729)
0.25	0.103*** (0.0268)	0.147*** (0.0518)	0.0752*** (0.00752)	0.0913*** (0.0107)	0.0873*** (0.0151)	0.0937*** (0.0109)	0.0690*** (0.00927)	0.0540*** (0.00836)	0.0948*** (0.00416)	0.113*** (0.00751)
0.35	0.0926*** (0.0200)	0.180*** (0.0572)	0.0743*** (0.00560)	0.0818*** (0.00910)	0.0749*** (0.0162)	0.0962*** (0.0108)	0.0749*** (0.00637)	0.0629*** (0.00846)	0.0859*** (0.00393)	0.112*** (0.00548)
0.45	0.0903*** (0.0169)	0.212*** (0.0573)	0.0726*** (0.00549)	0.0833*** (0.00908)	0.0785*** (0.0135)	0.103*** (0.0103)	0.0849*** (0.00668)	0.0636*** (0.00713)	0.0788*** (0.00342)	0.106*** (0.00675)
0.55	0.0818*** (0.0136)	0.234*** (0.0565)	0.0737*** (0.00571)	0.0878*** (0.00961)	0.0706*** (0.00957)	0.104*** (0.0104)	0.0868*** (0.00697)	0.0651*** (0.00898)	0.0750*** (0.00390)	0.104*** (0.00595)
0.65	0.0722*** (0.0148)	0.210*** (0.0620)	0.0738*** (0.00602)	0.0860*** (0.0106)	0.0795*** (0.00953)	0.112*** (0.0118)	0.0834*** (0.00668)	0.0737*** (0.0101)	0.0726*** (0.00346)	0.103*** (0.00736)
0.75	0.0594** (0.0286)	0.182*** (0.0668)	0.0767*** (0.00524)	0.0949*** (0.0161)	0.0869*** (0.00801)	0.112*** (0.0170)	0.0831*** (0.00504)	0.0619*** (0.00730)	0.0711*** (0.00418)	0.100*** (0.00660)
0.85	0.0425 (0.0419)	0.188*** (0.0643)	0.0791*** (0.00831)	0.0907*** (0.0161)	0.0843*** (0.0105)	0.0580*** (0.0224)	0.0837*** (0.00772)	0.0724*** (0.0113)	0.0698*** (0.00523)	0.107*** (0.00753)
0.95	0.00534 (0.0716)	0.188*** (0.0643)	0.0631*** (0.00946)	0.101*** (0.0229)	0.0834*** (0.0151)	0.0682** (0.0277)	0.0894*** (0.0149)	0.0474*** (0.0148)	0.0775*** (0.00762)	0.0870*** (0.0125)
DIFF	0.11166	0.023	0.0218	0.0486	0.013	0.0551	0.037	0.0031	0.0435	0.037

三、教育收益与风险的单位性质差异

不同单位类型的劳动力的教育投资收益和风险也是一个值得关注的角度。从表 2 - 13 可以看出，1995 年、2002 年和 2008 年外资及外资控股合资企业的教育收益率最高，其次是国有经济单位；而且在控制性别、行业和地区等变量后，教育收益率均有所下降；且外资及外资控股合资企业和国有经济单位的教育收益率仍高于其他单位类型。在 1995 年和 2002 年，教育收益率最低的是城镇集体经济单位，而 2008 年教育收益率最低的是民营和私营单位。

表 2 - 13　教育投资的单位性质差异

变量	教育收益率					
	仅控制单位类型			扩展的明瑟收入方程		
	1995 年	2002 年	2008 年	1995 年	2002 年	2008 年
edu	0.0591 ***	0.0884 ***	0.0941 ***	0.0523 ***	0.0713 ***	0.0780 ***
	(0.00196)	(0.00248)	(0.00370)	(0.00183)	(0.00241)	(0.00348)
org2	− 0.268 ***	− 0.342 ***	− 0.0744 ***	− 0.284 ***	− 0.294 ***	− 0.0760 ***
	(0.0172)	(0.0232)	(0.02002)	(0.0163)	(0.0235)	(0.0183)
org3	− 0.0632	− 0.173 ***	− 0.131 ***	− 0.154	− 0.0974 ***	− 0.0925 ***
	(0.1494)	(0.0173)	(0.0224)	(0.14599)	(0.0173)	(0.0205)
org4	0.436 ***	0.266 ***	0.153 ***	0.289 ***	0.261 ***	0.102 ***
	(0.05802)	(0.0418)	(0.0392)	(0.05447)	(0.0464)	(0.0363)
org5	− 0.0959	− 0.350 ***	− 0.220 ***	− 0.152 **	− 0.254 ***	− 0.116 ***
	(0.1195)	(0.0419)	(0.0265)	(0.1103)	(0.0414)	(0.0251)

究其原因，外资企业凭借其资本和技术优势，具有较强的市场竞争力，工资水平一般较高，对高学历且高能力的就业者具有巨大的吸引力，因而其教育投资收益率最高。而经过 20 世纪 90 年代的国有企业改革，许多亏损的国企进行了调整或改制，保留下来的国企通过改革，保持了较强的市场竞争力，加之国有经济单位多处于垄断地位，其职工工资一直维持在较高水平，从而其教育收益率呈现较高水平。而城镇经济单位由于资金短缺和技术限制，其发展比较缓慢，在市场竞争中处于劣势地位，工资水

平相对较低，教育收益率也较低；但是随着城镇经济单位的改制，教育收益率呈上升的趋势。

进一步分析不同单位类型的就业风险，如表 2 – 14 所示，1995 年民营和私营企业以及外资及外资控股企业在不同分位点的教育收益率总体上均没有通过显著性检验。进一步研究发现，1995 年二者的样本分别为 35 个和 146 个，由于 1995 年处于改革开放的初期，民营经济和私营经济发展均不完善，样本量比较少，各分位点教育收益率没有通过显著性检验。2002 年教育投资风险最小的是民营及私营经济单位，风险最高的则是外资企业。2008 年教育投资风险最低的是国有经济单位，投资风险最高的同样也是外资企业。

表 2 – 14. a 教育投资风险的单位性质差异

分位点	国有经济单位			集体经济单位		
	1995 年	2002 年	2008 年	1995 年	2002 年	2008 年
0.05	0.100 ***	0.117 ***	0.104 ***	0.0627 **	0.101 ***	0.102 ***
	(0.00442)	(0.00872)	(0.0231)	(0.0318)	(0.0164)	(0.0155)
0.15	0.0726 ***	0.112 ***	0.133 ***	0.0503 ***	0.0621 ***	0.111 ***
	(0.00209)	(0.00566)	(0.0114)	(0.0110)	(0.0110)	(0.0102)
0.25	0.0616 ***	0.100 ***	0.121 ***	0.0590 ***	0.0599 ***	0.111 ***
	(0.00221)	(0.00344)	(0.00754)	(0.00943)	(0.0126)	(0.00672)
0.35	0.0564 ***	0.0947 ***	0.122 ***	0.0633 ***	0.0556 ***	0.105 ***
	(0.00171)	(0.00327)	(0.00805)	(0.00887)	(0.0150)	(0.00730)
0.45	0.0503 ***	0.0885 ***	0.115 ***	0.0659 ***	0.0470 ***	0.104 ***
	(0.00188)	(0.00342)	(0.00759)	(0.00737)	(0.0136)	(0.00521)
0.55	0.0491 ***	0.0844 ***	0.116 ***	0.0654 ***	0.0561 ***	0.0945 ***
	(0.00224)	(0.00299)	(0.00716)	(0.00568)	(0.00982)	(0.00827)
0.65	0.0450 ***	0.0821 ***	0.120 ***	0.0621 ***	0.0542 ***	0.0903 ***
	(0.00197)	(0.00264)	(0.00842)	(0.00685)	(0.0138)	(0.00666)
0.75	0.0435 ***	0.0814 ***	0.126 ***	0.0552 ***	0.0653 ***	0.0848 ***
	(0.00194)	(0.00340)	(0.0112)	(0.00654)	(0.0171)	(0.00720)
0.85	0.0434 ***	0.0802 ***	0.123 ***	0.0449 ***	0.0651 ***	0.0770 ***
	(0.00228)	(0.00435)	(0.0103)	(0.0122)	(0.0218)	(0.0101)
0.95	0.0362 ***	0.0789 ***	0.0942 ***	0.0213	0.0742 ***	0.0520 ***
	(0.00501)	(0.00470)	(0.0133)	(0.0178)	(0.0278)	(0.0137)
DIFF	0.0638	0.0381	0.0098	0.0414	0.0268	0.05

表 2 – 14. b 教育投资风险的单位性质差异

分位点	私营和民营企业			外资及外资控股合资企业		
	1995 年	2002 年	2008 年	1995 年	2002 年	2008 年
0.05	0.280 (0.247)	0.0809 *** (0.0122)	0.0805 *** (0.0153)	-0.000939 (0.0526)	0.113 (0.0775)	0.0749 ** (0.0378)
0.15	0.100 (0.123)	0.0810 *** (0.00898)	0.0987 *** (0.0125)	0.0590 (0.0372)	0.0810 ** (0.0376)	0.144 *** (0.0301)
0.25	0.0266 (0.0849)	0.0861 *** (0.00786)	0.101 *** (0.0102)	0.0571 ** (0.0268)	0.0928 *** (0.0256)	0.178 *** (0.0297)
0.35	0.0226 (0.0762)	0.0852 *** (0.00759)	0.111 *** (0.00992)	0.0539 *** (0.0188)	0.0988 *** (0.0175)	0.191 *** (0.0279)
0.45	0.0754 (0.0750)	0.0860 *** (0.00882)	0.111 *** (0.00924)	0.0625 *** (0.0218)	0.101 *** (0.0178)	0.212 *** (0.0267)
0.55	0.00537 (0.0840)	0.0905 *** (0.00779)	0.109 *** (0.00749)	0.0548 * (0.0288)	0.0881 *** (0.0218)	0.191 *** (0.0211)
0.65	0.000710 (0.101)	0.0838 *** (0.00762)	0.115 *** (0.00767)	0.0435 (0.0299)	0.0912 *** (0.0165)	0.195 *** (0.0236)
0.75	-0.00105 (0.112)	0.0843 *** (0.00628)	0.116 *** (0.0129)	0.0325 (0.0288)	0.0855 *** (0.0200)	0.174 *** (0.0215)
0.85	-0.0581 (0.137)	0.0876 *** (0.00843)	0.120 *** (0.00894)	0.0576 (0.0372)	0.0990 *** (0.0238)	0.176 *** (0.0318)
0.95	-0.112 (0.184)	0.0914 *** (0.0190)	0.102 *** (0.0241)	0.0908 (0.0772)	0.121 ** (0.0480)	0.184 *** (0.0489)
DIFF	—	0.0105	0.0215	—	0.04	0.1091

进一步研究不同分位点的教育收益率发现，民营和私营企业以及外资和外资控股合资企业的教育收益总体上随着分位数的提高呈上升趋势，这与国外教育收益率的研究结果相一致；在外资企业和私营民营企业中，高收入能力的人群有高的教育收益，这体现了非公有制企业的工资机制市场化程度更高，受教育水平较高的劳动者有机会获得较高的收入。1995 年和

2002 年的国有经济单位和集体经济单位的教育收益随着分位数呈下降趋势，这是国有企业陈旧的工资机制在教育收益率上的反映；但是 2008 年的教育收益率随着分位数分布总体上呈上升趋势，这说明国有经济单位的市场化程度越来越高。

四、教育收益与风险的地区差异

由于历史和现实的种种原因，中国经济长期处于东中西部劳动力市场分割的结构特征下，且同时呈现东中西部劳动力市场发育不平衡等现象。由表 2－15 可知，1995 年、2002 年和 2008 年均是东部地区的教育收益率最高，其次是西部，中部最低。

表 2－15　东中西部的教育收益率

变量	教育收益率					
	仅控制地区			扩展的明瑟方程		
	1995 年	2002 年	2008 年	1995 年	2002 年	2008 年
edu	0.0638 ***	0.0961 ***	0.102 ***	0.0523 ***	0.0713 ***	0.0780 ***
	(0.00181)	(0.00236)	(0.00341)	(0.00183)	(0.00241)	(0.00348)
reg2	−0.354 ***	−0.337 ***	−0.469 ***	−0.361 ***	−0.382 ***	−0.479 ***
	(0.0123)	(0.0141)	(0.0171)	(0.01204)	(0.0135)	(0.0166)
reg3	−0.276 ***	−0.246 ***	−0.400 ***	−0.285 ***	−0.279 ***	−0.394 ***
	(0.0125)	(0.0151)	(0.0199)	(0.01224)	(0.0145)	(0.0189)

东中西部的教育投资收益不同，其风险也各不相同。表 2－16 显示，横向比较而言，1995 年和 2002 年东部地区的教育风险最大，而西部地区的教育风险最小；而 2008 年东部地区的教育风险则最小，西部地区的教育风险最大。纵向比较而言，东中西部地区的教育投资风险均呈现下降的趋势。从东中西部不同分位点的教育收益率分布特征看，1995 年和 2002 年东中西部地区的教育收益率总体上随着分位数的上升而下降，而 2008 年东中西部教育收益率随分位数的上升而先升后降。

表2-16　东中西部的教育风险

分位点	东部地区			中部地区			西部地区		
	1995年	2002年	2008年	1995年	2002年	2008年	1995年	2002年	2008年
0.05	0.101*** (0.00728)	0.131*** (0.0124)	0.0942*** (0.00919)	0.116*** (0.00906)	0.104*** (0.0101)	0.0842*** (0.0135)	0.112*** (0.00860)	0.105*** (0.0137)	0.0730*** (0.0174)
0.15	0.0770*** (0.00494)	0.125*** (0.00729)	0.115*** (0.00632)	0.0878*** (0.00543)	0.103*** (0.00541)	0.0990*** (0.00848)	0.0795*** (0.00351)	0.113*** (0.00845)	0.0929*** (0.0117)
0.25	0.0658*** (0.00336)	0.122*** (0.00561)	0.120*** (0.00632)	0.0767*** (0.00344)	0.106*** (0.00536)	0.115*** (0.00808)	0.0686*** (0.00324)	0.112*** (0.00552)	0.111*** (0.0117)
0.35	0.0631*** (0.00357)	0.115*** (0.00484)	0.113*** (0.00537)	0.0698*** (0.00337)	0.101*** (0.00440)	0.115*** (0.00644)	0.0611*** (0.00278)	0.102*** (0.00484)	0.110*** (0.00689)
0.45	0.0557*** (0.00335)	0.108*** (0.00477)	0.118*** (0.00529)	0.0672*** (0.00372)	0.0972*** (0.00386)	0.110*** (0.00662)	0.0540*** (0.00237)	0.0979*** (0.00447)	0.109*** (0.00786)
0.55	0.0482*** (0.00354)	0.104*** (0.00413)	0.121*** (0.00688)	0.0625*** (0.00358)	0.0925*** (0.00362)	0.106*** (0.00711)	0.0491*** (0.00264)	0.0913*** (0.00510)	0.108*** (0.00750)
0.65	0.0453*** (0.00368)	0.101*** (0.00459)	0.117*** (0.00677)	0.0576*** (0.00310)	0.0898*** (0.00352)	0.101*** (0.00538)	0.0460*** (0.00306)	0.0837*** (0.00441)	0.103*** (0.00793)
0.75	0.0420*** (0.00402)	0.0976*** (0.00531)	0.116*** (0.00636)	0.0549*** (0.00339)	0.0839*** (0.00478)	0.0894*** (0.00591)	0.0402*** (0.00295)	0.0788*** (0.00462)	0.0933*** (0.00745)
0.85	0.0330*** (0.00485)	0.0848*** (0.00724)	0.0994*** (0.00756)	0.0497*** (0.00289)	0.0748*** (0.00442)	0.0845*** (0.00863)	0.0390*** (0.00506)	0.0730*** (0.00515)	0.0800*** (0.00960)
0.95	0.0206*** (0.00759)	0.0856*** (0.0102)	0.0930*** (0.0117)	0.0418*** (0.00422)	0.0609*** (0.00841)	0.0876*** (0.0104)	0.0386*** (0.00491)	0.0688*** (0.00823)	0.0450*** (0.0155)
DIFF	0.0804	0.0454	0.0012	0.0742	0.0431	0.0034	0.0734	0.0362	0.028

通过明瑟收入方程和扩展的明瑟收入方程对 1995 年、2002 年和 2008 年的家庭教育投资收益和风险进行分析研究，得出如下结论：

第一，以月工资作为因变量估计教育收益率，总体上我国的城镇居民教育收益率呈上升的趋势；而且 1995—2002 年的教育收益增长的速度要快于 2002—2008 年的教育收益增长的速度。在进一步控制性别、行业、单位类型和地区等变量后，教育收益率有所下降。在教育风险方面，无论是基本的明瑟收入方程还是扩展的明瑟收入方程，城镇居民的家庭投资风险在 1995 年、2002 年和 2008 年间总体上呈下降的趋势。

第二，城镇男性和女性在劳动力市场存在着工资差异，而且非常显著，男性的教育收益率高于女性，并在时间上呈现逐年增加的趋势；进一步控制地区、行业和单位类别等其他影响因素后，男性和女性之间的教育收益率差距有所缩小。就教育投资风险而言，男性和女性的教育投资风险均呈下降的趋势；而且男性和女性之间的教育风险差异也呈现出缩小的趋势。

第三，城镇居民教育收益和风险的行业差别方面，2002 年附加值较高的第三产业教育收益率最高，而 2008 年农林牧副渔业的教育收益率最高，但是附加值较高的第三产业在 2002 年和 2008 年均没有通过显著性检验；2002 年和 2008 年，附加值较低的第三产业的教育收益率最低。在教育投资风险方面，2002 年垄断性或资源依赖性较强的第二产业的教育投资风险最小，而在 2008 年成为教育投资风险最大的行业；2008 年教育投资风险最小的是附加值较低的第三产业。从时间角度分析，第二产业的教育投资风险有所提高，而第一产业和第三产业的教育投资风险均有所下降，其中第一产业的教育投资风险下降幅度最大。

第四，城镇居民教育投资收益和风险在单位类型差异方面，1995 年、2002 年和 2008 年均是外资企业的教育收益率最高，其次是国有单位的教育收益率。1995 年和 2002 年教育收益率最低的是城镇集体经济单位，而 2008 年受经济危机的影响，教育收益率最低的是民营和私营单位。在教育投资风险方面，2002 年教育投资风险最低的是私营及民营经济单位，2008 年教育投资风险最低的是国有经济单位，而 2002 年和 2008 年教育投资风险最高的均为外资企业及外资控股企业。

　　第五，城镇居民教育投资收益和风险在地区差异方面，1995 年、2002 年和 2008 年均是东部地区的教育收益率最高；教育收益率最低的是中部地区。在城镇居民的教育投资风险方面，1995 年和 2002 年东部地区的教育投资风险最大，而西部地区的教育投资风险最小，但是 2008 年东部地区的教育投资风险最小，教育投资风险最大的为西部地区；纵向比较而言，东中西部地区的城镇居民的教育投资风险均呈现下降的趋势，东部地区的下降幅度最大。

第三章 家庭视角下人力资本中的年龄因素对竞争与合作关系的影响

第一节 微观家庭视角的老龄化研究

一、家庭老龄化研究的兴起

无论是早已步入老龄化社会的欧美、日本等传统发达国家，还是正在老龄化进程中的拉丁美洲、亚洲、非洲等地区的发展中国家，都面临着愈加严峻的老龄化问题。根据联合国《世界人口老龄化报告（2017）》，2017年世界60岁及以上人口规模达到9.62亿人，是1980年的两倍以上，到2050年这一数字还将翻一番，老龄化是21世纪全球最重要的社会特征（United Nations，2017），会对劳动力市场、金融市场、产业结构和经济增长产生深远影响。由此，老龄化成为经济学界备受关注的研究热点。传统关于老龄化的经济学研究多从宏观视角探讨人口出生率、死亡率及人口结构的演化趋势，以此分析老龄化对劳动力供给、劳动生产率、储蓄率、养老基金、政府支出、产业结构、经济增长等宏观变量的影响。

宏观视角的老龄化研究面临着传导机制不清晰和研究结论不明确两大困境。比如，基于资本市场视角探究老龄化对经济增长影响的研究中，一方面，生命周期消费理论的人口红利模型认为老龄化对储蓄率和资本积累存在负效应（Modigliani & Brumberg，1954），从而不利于经济增长。但囿于微观数据限制和研究思路的"路径依赖"，关于这一理论的经验研究多基于宏观视角，所得结论并不明确。Leff（1969）最早实证证实了生命周期消费理论，此后 Schultz（2005）和 Horioka（2010）等进一步验证了老龄化与储蓄率的负相关关系。但诸多学者研究发现生命周期消费理论揭示的规律在不同区域和不同时期存在异质性（Kelley，1996；Andersson，2001；Cavallo et al，2016），老龄化对宏观储蓄率的影响并非简单的负效应。另一方面，基于预防动机的研究则得出与生命周期消费模型相反的结论，Lee 和 Mason（2006）等将预防动机产生的储蓄激励效应称为第二次人口红利，认为老龄化会通过预防动机产生未雨绸缪的储蓄激励从而提高储蓄率，促进经济增长（Fried，2016；Maliszewska，2016）。最早关注寿命延长、预防动机与储蓄率关系的分析是 Yaari（1965）和 Zhang 等（2001）进一步研究指出理性个体会为了保障更长的老年生活而提高储蓄，Sheshinski（2006）发现这会对储蓄率产生正效应，基于国外宏观数据的实证研究证实了这一关系（Bloom et al，2003；Li et al，2007）。由此可见，宏观分析着眼于老龄化与宏观经济变量之间逻辑链条的两端，难以深入细致地厘清其中复杂的传导机制，也无法有针对性地对相关机制进行检验。同时，由于时间段选取、变量设定和计量方法不同，关于老年人口抚养比与宏观经济变量的实证研究往往得出迥异的结论。

家庭是社会经济决策的基本单元，从资本市场角度来看，老龄化会通过影响微观家庭的储蓄和资产配置决策，影响金融市场的规模和结构，进而作用于资本积累和经济增长。从劳动力市场来看，老龄化会通过影响家庭生育决策、劳动力的家务劳动和市场劳动时间以及家庭迁移决策来影响劳动力供给的数量和结构，此外通过影响家庭人力资本投资的代际分配来影响劳动力供给质量，由此通过微观家庭机制作用于劳动力市场从而影响经济增长。无论从资本市场还是劳动力市场角度，老龄化对经济的影响都通过微观家庭来传导，老龄化与宏观经济之间逻辑链条的第一个节点是家庭，只有对家庭老龄化进行微观考察才能细致地厘清老龄化影响的微观基础和作用渠道。

2015 年诺贝尔经济学奖得主安格斯·迪顿教授首创了基于家庭调查微观数据的实证分析，推动了微观调研技术发展，近些年微观数据可得性和数据质量大为提高，为微观视角的老龄化研究提供了便利，促使家庭老龄化研究取得了一系列成果，深化了学界关于老龄化对经济影响机制和效应的认识。家庭老龄化研究主要从微观视角分析老龄化对家庭消费、储蓄、资产配置、人力资本投资等因素的影响机制，以此探究老龄化在资本积累、产业结构、金融市场和经济增长等方面的宏观影响效应，从而基于微观决策基础提出更有针对性的政策含义。从老龄化条件下家庭储蓄、消费与资产配置，老龄化条件下家庭人力资本投资的代际合作关系，老龄化条件下家庭人力资本投资的代际竞争关系三方面梳理家庭老龄化的研究动态。

二、老龄化条件下家庭人力资本投资的代际合作研究

在人力资本的微观生命周期中，"初次教育培训类人力资本投资（未成年期）→成年期就业→追加教育培训类人力资本投资（成年期）→成年期就业→退休→营养医疗类人力资本投资（老年期）"构成了完整的人力资本投资链条。这一链条中，家庭作为教育投资成本、收益、风险的主要承担者，一方面，它是教育培训类人力资本投资的微观主体；另一方面，家庭还承担着不可或缺的养老保障职能，它又是健康营养类人力资本投资的微观主体。在承担上述职能的过程中，家庭并非简单的"黑箱"，其内部存在着代际谈判（negotiation）、竞争（contestation）、妥协（compromise）与合作（cooperation）的多重复杂互动机制（Douglass，2006；Leopold & Raab，2013）。如图 3 – 1 所示，动态来看，家庭是代际成员进行人力资本投资的跨期互惠组织，代际存在投资与收益的动态均衡，由此形成家庭人力资本投资的代际合作关系。老龄化会通过影响家庭人力资本投资的代际合作机制，作用于微观人力资本投资，相关研究主要围绕人力资本的反馈式代际投资和隔代投资两方面展开。

（一）家庭人力资本投资的反馈式代际合作机制研究

父母对未成年期子女进行教育投资，在产权意义上享有部分人力资本收益权，由此促使子女在父母年老时以赡养的形式对其进行营养医疗类人力资本投资（Hjälm，2012；Leopold & Raad，2013），体现出家庭人力资本投资的反馈式代际合作关系。Leopold 和 Raab（2013）关注了父母与子

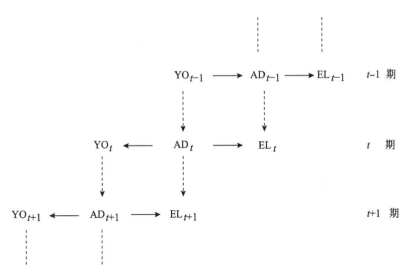

图3-1　家庭人力资本投资的动态代际关系

注：YO 为未成年人，AD 为成年人，EL 为老年人，下角标为代际标识；实线箭头表示人力资本投资流，虚线箭头表示同代人流。

女之间的长期与短期互惠机制，发现父母对子女过去和当前的人力资本投资都会影响子女的反馈偏好。代际合作机制可以提高老年人的经济福利，对老年人生活满意度有显著正效应，所以家庭功能对于促进老年人实现成功的老龄化（successful ageing）不可或缺（Price & Tinker，2014）。另外，Zhu 等（2014）指出家庭人力资本投资的代际合作促进了中国家庭人力资本投资的高水平供给，是中国经济起飞关键因素之一。Azariadis 和 Lambertini（2003）研究得出，代际合约比社会合约有更多的信息优势，可以减少信息不对称、降低交易成本，提高总体人力资本投资。

关于家庭人力资本投资的反馈式代际合作形成机理，相关研究认为代际支持的动力并非全部来自血缘亲情，而是一种与市场交换相类似的互惠方式。在家庭内部人力资本投资与收益的动态均衡中，包含着代际金融支持与风险分担机制，以及现收现付式的养老金模式。从更微观的视角来看，关于代际合作的动机类型，现有文献认为出于两类偏好，一是利他偏好（Becker et al，1990；Zhang & Zhang，2001；Alders & Broer，2005；Arrow & Levin，2009），子女人力资本作为耐用消费品，直接进入父母的效用函数。Rangel（2003）分析发现，即使父母不是出于利己动机，只要子女对父母的赡养（backward intergenerational transfers）与父母对子女的教育支出（forward intergenerational transfers）有正相关关系，人力资本投资的代际合作就可以维持。所以另一些研究认为父母对子女的人力资本投资是出于利己偏好（Ehrlich & Lui，1991；Molina，2014），将子女人力资本作为投资品，通过对其未来的收益贴现，进行成本、收益、风险的"利润"最大化决策；但是在这一偏好下，由于父母不能充分获得子女人力资本投资的收益，所以教育投资低于社会最优水平（Balestrino，1997）。

理论分析来看，如果将子女视为耐用"消费品"（利他偏好），那么随着老龄化加剧，老年人所需赡养支出提高，消费的可得资金减少，从而家庭会降低养儿育女的"消费"性支出，这意味着老龄化会对子女的人力资本投资产生挤出效应。而如果将抚养子女作为"投资"（利己偏好），那么老龄化导致家庭赡养支出增加时，家庭面临更强的预算约束，提高收入的激励增强，从而会未雨绸缪地增加对子女的人力资本投资，以提高家庭在未来获得收入的能力。正如第二次人口红利理论所揭示的逻辑——老龄化会刺激微观主体增加预防性储蓄，老龄化也可能通过预防效应促进人力资本投资。由此可见，对养儿育女偏好的假设不同，关于老龄化的人力资本投资效应会得出迥异的结论。合理的假设是父母在养儿育女方面既是利己的也是利他的，子女兼具"消费品"和"投资品"属性，那么如果抚育子女对父母而言"消费"属性更强，则老龄化不利于父母对子女的人力资本投资；反之如果养儿育女对父母而言更大程度上是一种"投资"，那么老龄化可能会促进对子女的人力资本投资。此外，代际合作机制中的偏好对政府政策效果评估非常关键，利他偏好下，政府养老支出提高会增加家庭可支配收入，从而增加对子女人力资本的耐用消费品消费。而利己偏好下，养老保障体系的完善会挤出家庭对子女的人力资本投资，Lai 和 Tung（2015）的实证研究证实了这一点。

与之类似，在子女对父母的赡养动机方面，相关研究也发现同时存在利己与利他两类偏好。较新的研究指出，对不同角色的家庭成员给予异质性的偏好设定更为合理，比如 Glazer 和 Kondo（2014）研究发现，在与父母的关系方面，子女更多是利己的，会更大程度地希望从父母那里获得金钱和劳务的净支付，即使这种行为可能给父母带来压力或者使其兄弟姐妹利益受损，而父母对子女的偏好相对而言利他程度更高。如果把父母与子女之间人力资本投资的反馈机制看作隐性契约，那么存在子女的违约风险，这会导致父母缺乏投资激励。因此，相关文献还关注了父母对子女的偏好塑造中所起的作用，Canta 和 Pestieau（2014）提出父母为了降低对子女人力资本投资的违约风险，会在子女幼年期进行潜移默化的家庭伦理教育，这可以促进子女形成"强制性利他偏好"（forced altruism）。Becker 等（2014）提出了"堕落父母"理论，指出如果通过教育促使子女形成"强制性利他偏好"，那么父母即使是利己的也可以从对子女的人力资本投资中获得最优回报。这一理论揭示了我国传统孝道文化的经济学本质，孝道作为一种被伦理强化的"强制性利他偏好"，是保障父母对子女人力资本投资回报的声誉机制，我国历代传统统治者通过孝道强化了这一人力资本投资的代际合作机制，以此实现统治租金最大化，并解决了养老保障问题。

但是，关于哪种偏好起主导作用，研究结论不尽相同。Cong 和 Silverstein（2011）认为人们对待家庭关系的偏好倾向于利他，对待社会关系的偏好倾向于利己，Klimaviciute 等（2017）利用欧洲健康、老龄与退休数据（SHARE）研究也发现，家庭内部的偏好利他程度更高。然而同样利用 SHARE 数据，Alessie 等（2014）得出了相反的结论。Alessie 等（2014）的视角比较独特，将老年照料分为家庭外部照料与内部照料两类，分析了遗产税与家庭外部老年照料需求之间的关系，发现遗产税率与家庭的外部老年照料需求显著正相关，说明遗产税会降低子女提供家庭内部照料的收益，从而降低家庭内部照料的供给，由此间接说明家庭代际人力资本投资是以利己偏好为基础的交易。此外，Grossbard（2014）针对家庭人力资本投资的代际关系的分析指出，家庭代际存在着金钱与劳务交换的收支平衡，当父母对子女财务净支付为正时，子女对父母的劳务净支出为正，反之亦然。他还使用了"Work – in – Household"（WiHo）来分析家庭内部的代际劳务交换的供求关系。Daatland 等（2012）则认为在个人利益与家庭责任之间权衡中，存在复合型的偏好（mixed preference）。

（二）家庭人力资本的隔代投资机制研究

近些年的研究关注了逆反哺的代际模式，其中重要的逆反哺类型是祖父母照料孙子女，这对家庭成年子女而言是人力资本投资的逆反馈，对孙辈家庭成员而言是一种重要的人力资本投资模式，即人力资本的隔代投资机制（Zhang et al，2015）。

两方面研究共同解释了隔代人力资本投资的动因。一方面，养儿育女会为家庭带来直接成本和机会成本（Morrissey，2017）。Mahringer 和 Zulehner（2015）利用奥地利微观调查数据研究发现，抚育子女会显著降低父母的劳动参与率，尤其对母亲的影响更大，托儿所等家庭外部的市场抚育服务价格与父母劳动参与率负相关，父母工资率与其劳动参与率正相关，意味着养儿育女会给家庭带来潜在的机会成本和收入损失。Brilli 等（2016）利用意大利微观数据研究了公共提供的未成年人照料可以提高家庭劳动参与率，间接证实了幼儿照料对父母劳动参与的负效应。另一方面，相关实证研究发现老年人提供隔代照料可以解放年轻人的劳动时间，因此老龄化可能通过隔代抚育机制抵消就业挤出效应（Ho，2015）。因此，成年劳动力迁移与老年人提供隔代抚育是家庭的"time – for – money"策略（Cong & Silverstein，2008），有利于家庭内部各代成员根据其比较优势分工合作，提高家庭总收入和福利水平。McNamara 和 Gonzales（2011）指出，对老年人而言，提供隔代抚育可以扩大老年人的晚年社会交往，有利于实现积极老龄化。此外，相关研究还发现隔代抚育多存在于多代共同居住的家庭，Johar 等（2015）研究表明多代共同居住模式下，祖父母提供隔代抚育有助于促进家庭成员间互惠交往，提高家庭总福利水平。

人力资本的隔代投资与历史文化和制度背景联系紧密，因此存在显著的国别差异，相关研究关注了我国家庭的隔代抚育与西方社会的差异。在隔代抚育的原因方面，由于建立了较为完善的儿童福利保障机制，西方发达国家中的隔代抚育只少数存在于父母家暴、离异、犯罪、残疾、去世等特殊家庭，或者在处于弱势地位的少数族裔家庭（Settles et al，2009；Burnette et al，2013），仅作为一种家庭功能缺失时的补救手段。而我国的隔代抚育更大程度上是一种普遍现象，并且我国老年人提供隔代抚育往往出于较强的利他偏好。在隔代抚育对老年人的影响方面，西方家庭的隔代抚育对老年人精神健康和财务负担有显著负效应（Fuller - Thomson & Min-kler，2000；Orb & Davey，2005），而我国老年人提供隔代抚育对其身心健康的影响偏积极，虽成年子女迁移对老年人幸福度有显著负效应，但照料孙子女有利于提高老年人的心理健康水平和日常生活自理能力（Connelly & Maurer - Fazio，2016）。

此外，值得注意的是，隔代人力资本投资对我国农村家庭意义更为显著，由于户籍障碍，我国农村劳动力进城务工时其子女难以随之进城就学，多由祖父母代为照料，产生了农村留守老人和留守儿童并存的现象，留守老人和儿童事实上是在父母人力资本投资缺失时由祖父母隔代投资的情况。Chen 等（2016）基于我国微观数据研究指出，老龄化对我国农村劳动力迁移有抑制作用，三代同堂家庭会促进我国农村劳动力迁移，证实了隔代抚育的存在及其对劳动力迁移的促进作用，但是研究发现不健康的老年人的影响不显著，说明隔代人力资本投资多由健康老年人承担。在隔代抚育对未成年人的影响方面，实证结果显示家庭中 60 岁以上的女性成员对留守儿童的健康状况有显著正效应（Mu & De Brauw，2015），Zeng 和 Xie（2014）发现中国农村家庭中，共同居住的祖父母的社会经济地位会显著提高孙辈家庭成员的教育可得性，研究还发现隔代抚育也能增强家庭代际关系的亲密程度（Chen et al，2011；Anasuri，2016）。

三、老龄化条件下家庭人力资本投资的代际竞争研究

如图 3 - 1 所示，家庭收入通过代际转移同时对不同年龄段家庭成员进行人力资本投资，由此形成家庭人力资本投资的代际竞争关系。这方面研究显示，各代家庭成员在人力资本投资中存在此消彼长的代际竞争关系，"三明治家庭"（sandwich family）是老龄化社会的典型家庭结构（Bogan，2015）。人口老龄化客观上会提高老年照料的需求成本，用于老年照料等方面的家庭资源与社会资源都变得相对稀缺，形成对子女人力资本投资的挤出效应。另外，较新的实证研究（Simpson et al，2002；Mojca Kogovsek & Metka Kogovsek，2013）发现，与经典的人力资本理论有所不同，年长劳动力通过在职培训追加人力资本投资的收益率并不低于年轻劳动力；随

着年龄提高，为抵消人力资本折旧，劳动者有更高的追加人力资本投资的激励，所以成年期家庭成员的人力资本投资需求呈上升趋势。比如，Simpson 等（2002）分析发现，50～60 岁之间的年长劳动力更少进行基础性和一般性的人力资本投资，但会在与工作相关性更强的、高阶在职培训方面投资更多，而且投资方向更为复杂和多元化。Mojca Kogovsek 和 Metka Kogovsek（2013）的研究结果表明，如果年长劳动力停止知识更新、不进行人力资本再投资，其技能会加速折旧，这是老龄化对经济潜在的负面效应。

家庭决策层面，老年人对照料的需求增多会促使家庭对子女进行更少的教育支出（Profeta，2002；Mulligan & Sala – i – Martin，2003；Monten & Thum，2010；Sørensen，2013）。研究表明，对老人的照料强度主要取决于文化传统和公共老年福利体系的完善程度（Brenna & Novi，2016）。从更为微观的视角来看，家庭对老年人的照料是一种"团队工作"，家庭有特定的制度结构进行老年照料，并且会随时间变化而变化，以减轻照料者的负担（Szinovacz & Davey，2007）。然而，随着老龄化加剧，家庭中平均每个老年人的照料人数不断下降，是造成家庭脆弱性的重要原因之一（Wolff & Kasper，2006）。在照料老年父母的任务分配方面，兄弟姐妹之间存在着正式或隐性的谈判，由此也会产生家庭内部的冲突（Connidis & Kemp，2008），提供更多照料的子女会要求其兄弟姐妹承认照料的差异，从而在精神或经济方面获得补偿（Ingersoll – Dayton et al，2003），否则这有可能导致家庭成员关系的疏远甚至破裂（Khodyakov & Carr，2009）。还有一些研究分析了照料老年父母对成年子女的影响，认为家务劳动时间会随老年照料负担提高而增加，从而降低市场劳动时间和人力资本投资的资金来源，并且相关研究表明老年照料在对家务劳动影响方面存在显著的性别差异，对女性的影响远大于男性，这源于平均而言女性的市场劳动回报率更低，而家务劳动的价值更高（Mortensen et al，2014）。此外，家庭在对老年人的照料方式方面也存在成本收益的权衡，在现代化和市场化推动下，家庭可以选择由家庭成员投入照料时间和由家庭购买外部照料的服务（Bettio et al，2006；Bruni & Ugolini，2016），研究结果显示子女收入水平、父母的身体状况是影响购买外部照料和亲自提供照料的决定性因素。

在家庭老年照料对照料提供者和接受者双方的影响方面，研究结论并不一致。Pollak（1985）分析发现，接受家庭成员照料有助于提高老年人的精神健康水平，Tarlow 等（2004）进一步发现由家庭成员照料的老年人的痴呆症比重会显著下降。同时，研究发现老年照料也有助于提高照料提供者的幸福感，促使其与家庭成员关系更为紧密，Brown 等（2003）证明为他人提供照料可以降低死亡风险。但是，也有研究得出了不同结论，Van Houtven 等（2013）发现提供老年照料的家庭成员承受了更大的经济压力和时间的机会成本，会对其人力资本造成损耗，并且对其身体带来的负面影响大于对精神健康的影响，Schulz 和 Sherwood（2008）、Hirst（2005）、Burton 等（2003）的研究发现，提供高强度的照料会加快照料提供者人力资本的折旧速度，提高其精神负担和抑郁症概率，降低自身健康水平。

在对子女的代际支持方面，随着社会竞争的加剧，子女经济独立更晚并需投资更多的人力资本，父母客观上需要为子女的教育和职业发展提供更多情感和资金支持（Aquilino，2006；Fingerman et al，2010；Stein et al，2011）以助其增强竞争力（Furstenberg，2010），维持家庭代际关系紧密性（Fingerman et al，2012）。Stein 等（2011）关注了经济危机条件下家庭代际关系的演化，发现经济危机导致各代家庭成员对未来收入和生活水平的预期更低，从而加深了父母对子女未来生活的焦虑，促使父母为子女投资更多的人力资本。相关研究发现，父母为成年子女提供共同居住的住所甚至财务支持对子女由未成年期向成年期成功转型至关重要。Cox（1990）、Folgi（2000）、Ermisch（2003）研究发现父母的代际支持对子女缓解初入社会期的财务紧张非常重要。McElroy（1985）、Card 和 Lemieux（2000）、Kaplan（2010）从劳动力市场视角分析了家庭内部的代际支持效应，指出成年子女刚进入劳动力市场时具有与成熟的职业劳动者不同的特征，往往兼具"知识型"与"非技能型"双重特征，现实中他们多存在一个较漫长的职业选择过程，而且频繁地在"就业—失业—择业"三种状态之间相互转换，因此面临着多次失业压力，在这个阶段父母对成年子女的代际支持显得尤为重要。Semyonov 和 Lewin – Epstein（2001）考察了不同阶层家庭中代际支持的结构性差异，发现无论从绝对量还是从相对量来看，高资产水平家庭的代际支持都远高于低资产家庭，这会加剧不平等的代际传递。

所以，处于净支付地位的成年期家庭成员面临着家庭人力资本投资的代际竞争，承担着养老抚幼的双重压力（Igarashi et al，2013），需要对各代人力资本投资进行多重权衡。

另外，一些学者从社会群体博弈的角度分析老龄化条件下人力资本投资的代际竞争性（Galasso，2006；Binstock，2010），认为老年人口比重增加会提高养老保障投入的话语权，降低政府教育投入的话语权，这属于社会关系视角下的代际冲突研究。这类文献中与家庭老龄化相关的是家庭在降低社会层面代际冲突中的作用，比如，Daatland 等（2012）认为，家庭成员的良性互动（如多代共同居住）可以降低社会中的代际冲突，增强代际合作性。

关于我国家庭代际关系的现状与趋势，近些年在现代化与城镇化进程中，传统的反馈模式不断受到挑战。Bloom 和 Eggleston（2014）指出，家庭规模的缩小会淡化家庭内部的代际关系；我国家庭空巢化趋势明显，独居老人比重大幅上升，与子女同住的老人比重显著下降（彭希哲、胡湛，2015）。随着家庭结构的演变，家庭难以支撑养老重担（Chou，2011；陈友华，2013），导致部分家庭功能社会化（杨菊华、何炤华，2014）。老年父母与其成年子女之间的代际关系呈现出越来越突出的等价交换特点；父母对子女早年的人力资本投资以及近期承担的隔代照料、家庭劳务等，与子女为父母提供养老帮助之间存在因果关系（陈皆明，1998；孙新华、王艳霞，2013）。家庭养老功能虽弱化，但大多学者认为数千年来孝文化的影响难以完全消失，家庭内部的代际互惠机制仍发挥巨大作用（Lin & Yi，2013；Liu J.，2014）。在传统与现代的博弈中，我国家庭结构受到现代趋向和传统习俗的双重作用，既有向小的形态发展的一面，也有直系家庭获得维持的另一面（王跃生，2013，2014）。居家长期照料仍是老年照料的主要模式（姜向群、刘妮娜，2014）；子女给予老年父母时间照料和经济帮助依然非常普遍（解垩，2014）。

基于以上对家庭老龄研究的文献述评，可以得出三点基本结论。

第一，老龄化条件下家庭储蓄和资产配置方面的研究取得了较多进展，有助于细致地厘清老龄化对资本积累和金融市场的微观影响机制、科学评价老龄化的宏观影响效应。但是相关理论研究没有将异质性偏好纳入统一的分析框架，因此导致不同假设下的理论模型和数值仿真结论差异较大。实证研究中没有充分考虑老龄化对不同区域、人力资本禀赋和收入阶层家庭影响的异质性，同时在处理老龄化变量时多使用分组虚拟变量，难以充分捕捉老龄化的动态影响效应。在理论分析方面构建系统的分析模型，结合医学和认知心理学的研究进展针对不同区域和阶层设定不同的偏好系数；在实证研究方面优化变量设置，进行更为细致的国别、城乡、阶层的子样本研究，可以更科学和细致地探究老龄化对微观家庭储蓄、消费与资产配置的影响。

第二，人力资本投资的代际关系是老龄化条件下家庭人力资本投资研究的新命题，相关研究仍处于探索阶段，成果较为零散，没有形成系统有条理的理论体系。老龄化条件下家庭人力资本投资的决策机制与人口红利时期有明显区别；静态来看，老龄化加剧了家庭人力资本投资的代际竞争程度，但动态视角下老龄化对代际合作的影响效应较为复杂。尤其是关于老龄化条件下家庭教育投资等关键性问题，尚缺乏系统的理论提炼、定量测算及变动趋势分析。

第三，家庭老龄化根植于特定制度环境与文化背景，不同发展阶段、历史传统、社会体制、文化特征下的家庭老龄化存在异质性特征。因此，在借鉴国外数据调查、模型构建、研究方法的同时，我国的家庭老龄化研究还需特别注意我国国情的独特性。我国文化背景下的家庭代际关系与西方有显著差异，近些年现代化与城镇化推动了家庭趋于核心化、小型化，但我国家庭的演化路径不同于西方模式，孝道文化背景下的传统家庭伦理仍有较大影响，我国家庭的代际关系呈现出路径依赖与外部冲击交互影响下的独特结构。西方背景下的家庭资产配置与人力资本投资理论可提供较完善的方法论范式，但难以充分解释我国家庭资产配置与人力资本投资中的动态关系，也难以形成契合我国现实背景的操作性政策，因此老龄化条件下我国家庭人力资本投资与资产投资的特征和影响因素具有独特的理论研究价值。

第二节　老龄化条件下家庭人力资本
投资的代际竞争研究

改革开放以来，我国经济持续快速增长有赖于廉价劳动力创造的人口红利，随着人口老龄化的加剧，自 2013 年起我国劳动人口规模开始下降，[1] 老龄化正促使劳动力数量这一比较优势成为历史。劳动力短缺时代我国能否继续保持经济中高速增长取决于劳动力质量和人力资本禀赋（陆旸、蔡昉，2016）。然而，现有关于老龄化与劳动力市场的分析多集中于老龄化对劳动力数量的影响（童玉芬，2014；张川川等，2014；周祝平、刘海斌，2016；郭凯明、颜色，2016）；关于老龄化对人力资本和劳动力质量的影响，成果非常有限。

一些研究从宏观角度探讨了老龄化对政府人力资本投资的影响，比如基于社会群体博弈的视角分析老龄化条件下人力资本投资的代际竞争性（Galasso，2006；Binstock，2010），指出老年人口比重增加会提高养老保障投入的话语权，降低政府教育投资的权重，这属于社会关系视角下的代际冲突研究。此外，李海峥等（2016，2017）通过对人力资本进行宏观测算指出老龄化不利于劳动力人力资本和人力资本存量的增长，刘文、张琪（2017）利用东亚国别比较数据研究发现人口老龄化对人力资本投资影响先正后负。

然而，微观视角下关于老龄化对人力资本投资的影响机制和效应，尚缺乏系统的理论分析和实证研究。在更早进入老龄化社会的西方发达国家，经济层面上已建立了较为完善的社会保障和公共教育体系，老年人养老和未成年人教育都由社会统筹提供（Chetty & Finkelstein，2013），较少取决于微观家庭决策。此外，文化和制度层面上西式代际关系是"接力模式"，并不强调子女对父母的赡养义务（费孝通，1983；李金波、聂辉华，2011），不存在养老负担对人力资本投资的微观影响机制，因此国外文献中较少有关于老龄化影响微观人力资本积累的分析。然而，我国老龄化的

---

[1]　根据《中国统计年鉴（2017）》数据，我国 15～59 岁人口在 2012 年达到峰值，15～64 岁人口在 2014 年达到峰值。http://www.stats.gov.cn/tjsj/ndsj/2017/indexch.htm。

经济学特征是未富先老（蔡昉，2016），社会保障机制尚不能提供充分的养老保障，家庭同时也是教育投资的微观主体，需要在养老和教育两方面权衡。文化和制度层面上，儒家文化历来重视孝养伦理，目前《婚姻法》更明确规定了子女对父母的赡养义务。❶ 所以我国家庭的代际关系呈现出显著的"反馈"特征，养老负担或许会通过这一反馈式的家庭代际模式作用于我国微观人力资本投资。因此，在不同于西方发达国家的经济、文化和制度语境下，更应从微观角度细致考察老龄化对我国人力资本投资和劳动力质量的影响。

关于老龄化对人力资本和劳动力质量的影响，成果非常有限，缺乏有关老龄化对微观人力资本投资影响机制和效应的系统研究。我国反馈式的家庭代际关系中老龄化会如何影响微观人力资本投资，在家庭养老功能弱化的趋势下它的实际影响效应如何，是本章所要回答的问题。

此外，为解决日趋严重的老龄化问题我国已全面放开二胎政策，计划生育政策还有可能进一步放开，相关应对老龄化的生育政策又会如何影响微观人力资本投资，也是需要我们关注的问题。基于反馈式的家庭代际关系构建一个两期世代交叠模型（Overlapping – Generations Model，OLG），将人力资本投资的利己和利他偏好纳入分析框架，并考虑养老负担的预防动机，以此理论探究我国经济、文化和制度背景下，老年人口和少儿人口抚养比对家庭教育投资的影响。进而利用中国家庭追踪调查2010—2014年面板数据，实证分析老龄化和抚幼负担对微观人力资本投资的影响及其城乡、区域差异，并对比分析老龄化对不同收入水平家庭的影响。

一、理论分析

基于反馈式的家庭代际关系构建一个世代交叠模型（OLG）：代表性家庭成员依次经历幼年期、成年期和老年期三个阶段，在幼年期由父母抚养并接受教育，没有经济决策能力；在成年期拥有一单位的劳动时间进行工作，同时赡养父母、抚养子女，并在资产投资和子女教育投资方面做出

---

❶　《中华人民共和国婚姻法》第二十一条规定："子女对父母有赡养扶助的义务。子女不履行赡养义务时，无劳动能力的或生活困难的父母，有要求子女付给赡养费的权利。"

决策；在老年期退休，依靠子女的赡养费和资产投资收益生活。

考察 t 和 $t+1$ 两个时期，假设代表性家庭在 t 时期的老年人口与成年人口比为 n_{t-1}，衡量家庭的养老压力；幼年人口与成年人口比为 n_{t+1}，反映家庭抚幼负担。假设父母需要为子女进行两方面支出，一是基本抚养支出，假设父母需要为每位子女的基本成长付出 v（$0 < v < 1$）单位的劳动时间；二是教育支出，假设父母为每位子女提供 h_t（$1 + kn_{t+1}$）（$0 < h_t < 1$，$k \geqslant 0$）单位的劳动时间，其中 h_t 代表教育投资强度，$kn_{t+1}h_t$ 衡量了老龄化对家庭教育投资的预防效应，即养老负担增大时成年期家庭成员未雨绸缪提高教育支出以增加未来收入。假设成年子女对父母的赡养支出为 w（$0 < w < 1$）单位的劳动时间，w 代表代际交换强度，取决于伦理习俗和法律政策所决定的孝道水平，体现在父母与子女的隐性代际交换契约中。假设资产投资率为 s_t，产品生产效率为 B，成年期家庭成员的人力资本禀赋为 H_t，则其在 t 时期的消费为：

$$C_1(t) = BH_t[1 - vn_{t+1} - h_t(1 + kn_{t-1})n_{t+1} - wn_{t-1} - s_t] \quad (3-1)$$

假设人力资本生产效率为 A，则幼年期家庭成员在 t 时期积累的人力资本禀赋为：

$$H_{t+1} = AH_t[vn_{t+1} + h_t(1 + kn_{t-1})n_{t+1}] \quad (3-2)$$

$t+1$ 时期，老年期家庭成员获得（$1 + r_{t+1}$）$s_t BH_t$ 的资产投资收益（r_{t+1} 为资产投资收益率），并获得其成年子女提供的 wBH_{t+1} 的赡养费，wBH_{t+1} 体现了抚育后代的利己动机，即其投资品属性。此外，假定父母对子女的人力资本投资还出于利他偏好，即抚幼同时具有消费品属性，假设利他偏好系数为 φ，老年期家庭成员从其子代积累的人力资本中获得价值 φH_{t+1} 的"消费"。由此，老年期家庭成员在 $t+1$ 期的总消费为：

$$C_2(t+1) = (1 + r_{t+1})s_t BH_t + wBH_{t+1} + \varphi H_{t+1} \quad (3-3)$$

采用常弹性效用函数（Ehrlich & Lui，1991；Ehrlich & Kim，2007），代表性家庭成员的效用最大化决策为：

$$\max_{h_t, s_t} U_t = \frac{1}{1-\sigma}\big[C_1^{1-\sigma}(t) - 1\big] + \delta \frac{1}{1-\sigma}\big[C_2^{1-\sigma}(t+1) - 1\big] \quad (3-4)$$

其中 δ（$0 < \delta < 1$）为贴现因子。根据式（3-1）~式（3-3）求解

$\dfrac{\partial U_t}{\partial h_t}=0$ 和 $\dfrac{\partial U_t}{\partial s_t}=0$，可得一阶最优条件为：

$$\left[\frac{C_2(t+1)}{C_1(t)}\right]^{\sigma}=\delta\frac{A(wB+\varphi)}{B}\equiv\delta R_h \qquad (3-5)$$

$$\left[\frac{C_2(t+1)}{C_1(t)}\right]^{\sigma}=\delta(1+r_{t+1})\equiv\delta R_s \qquad (3-6)$$

$\left[\dfrac{C_2(t+1)}{C_1(t)}\right]^{\sigma}$ 为成年期消费对老年期消费的边际替代率，$\delta(1+r_{t+1})\equiv$

δR_s 和 $\delta\dfrac{A(wB+\varphi)}{B}\equiv\delta R_h$ 分别为资产投资和对子女进行教育投资的收益率的贴现值。式（3-5）和式（3-6）的含义是：理性个体通过选择最优的资产投资额和对子女教育投资量使之收益率的现值同时等于成年期对老年期消费的边际替代率。不难发现，代际交换强度 w、利他偏好系数 φ 和人力资本生产效率 A 越高，父母对子女进行教育投资的收益率 R_h 越大。假定最优教育投资收益率为 R^*，由式（3-1）、式（3-2）、式（3-5）、式（3-6）可得最优教育投资强度和资产投资率为：

$$h_t^*\frac{(\delta R^*)^{\frac{1}{\sigma}}-w(\delta R^*)^{\frac{1}{\sigma}}n_{t-1}-v[R^*+(\delta R^*)^{\frac{1}{\sigma}}]n_{t+1}-[R^*+(\delta R^*)^{\frac{1}{\sigma}}]s_t^*}{[R^*+(\delta R^*)^{\frac{1}{\sigma}}](1+kn_{t-1})n_{t+1}}$$

$$(3-7)$$

$$s_t^*=\frac{(\delta R^*)^{\frac{1}{\sigma}}-w(\delta R^*)^{\frac{1}{\sigma}}n_{t-1}-[R^*+(\delta R^*)^{\frac{1}{\sigma}}][v+h_t^*(1+kn_{t-1})]n_{t+1}}{R^*+(\delta R^*)^{\frac{1}{\sigma}}}$$

$$(3-8)$$

此外不难证明

$$\frac{\partial^2 U_t}{\partial h_t^2}=-\sigma[H_t(1+kn_{t-1})n_{t+1}]^2[B^2C_1^{-\sigma-1}(t)+\delta A^2(wB+\varphi)^2C_2^{-\sigma-1}(t+1)]<0$$

$$(3-9)$$

$$\frac{\partial^2 U_t}{\partial s_t^2}=-\sigma B^2H_t^2[C_1^{-\sigma-1}(t)+\delta R^{*2}C_2^{-\sigma-1}(t+1)]<0 \qquad (3-10)$$

因此 h_t^*、s_t^* 也满足最优化决策的二阶条件。由式（3-7）可得家庭最优教育投资量为：

$$E_t(1 + kn_{t-1})n_{t+1}h_t^*$$

$$= \frac{(\delta R^*)^{\frac{1}{\sigma}} - w(\delta R^*)^{\frac{1}{\sigma}}n_{t-1} - v[R^* + (\delta R^*)^{\frac{1}{\sigma}}]n_{t+1} - [R^* + (\delta R^*)^{\frac{1}{\sigma}}]s_t^*}{R^* + (\delta R^*)^{\frac{1}{\sigma}}}$$

$$(3-11)$$

由此得到:

$$\frac{\partial E_t}{\partial n_{t-1}} = -\frac{w(\delta R^*)^{\frac{1}{\sigma}}}{R^* + (\delta R^*)^{\frac{1}{\sigma}}} < 0 \qquad (3-12)$$

$$\frac{\partial E_t}{\partial n_{t+1}} = -\frac{v[R^* + (\delta R^*)^{\frac{1}{\sigma}}]}{R^* + (\delta R^*)^{\frac{1}{\sigma}}} < 0 \qquad (3-13)$$

因此,家庭老年人口抚养比和幼年人口抚养比越高,最优教育总投资越低;意味着在反馈式的家庭代际关系中,老年和少儿人口抚养比对家庭教育投资有负效应。此外,$\frac{\partial E_t}{\partial s_t^*} = -1$ 意味着教育投资和资产投资在养老保障方面存在替代关系。

二、老龄化条件下家庭教育投资特征分析

(一) 数据处理

本章所使用的数据来自中国家庭追踪调查 (China Family Panel Studies, CFPS)。CFPS 由北京大学中国社会科学调查中心 (ISSS) 实施,样本覆盖我国 25 个省/市/自治区、162 个县、635 个村居,调查对象包含样本家户中的全部家庭成员,其分层多阶段抽样设计使得样本能够代表大约 95% 的中国人口 (谢宇等,2014)。CFPS 调查问卷共有社区问卷、家庭问卷、成人问卷和少儿问卷四种主体问卷类型,旨在反映中国社会、经济、人口、教育和健康的变迁。CFPS 在 2010 年正式开展访问,经 2010 年基线调查界定出来的所有基线家庭成员及其今后的血缘/领养子女将作为 CFPS 的基因成员,成为永久追踪对象,每两年进行追踪调查,目前共有 2010 年、2012 年和 2014 年三期面板数据。CFPS 在充分利用辅助信息对抽样框进行有效排序的基础上进行了三阶段不等概率的系统 PPS 整群抽样,为保证样本的代表性,CFPS 进一步进行了全国整合样本再抽样。本章使用的

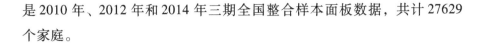

是 2010 年、2012 年和 2014 年三期全国整合样本面板数据，共计 27629 个家庭。

（二）特征分析

本章的被解释变量为家庭教育支出及其占家庭总支出的比重，❶ 分别记作 edu_expense 和 edu_ratio。此外，我国普及了九年义务教育，这会对研究产生两方面影响，一方面父母有法定义务让适龄子女接受义务教育，另一方面政府承担了义务教育阶段的学费和杂费。❷ 因此对义务教育阶段的家庭成员的教育支出未必能客观、充分地反映家庭的主动选择，所以在稳健性分析中将家庭的非义务教育支出及其占家庭总支出的比重作为被解释变量，分别记为 edu_expense_2 和 edu_ratio_2。

解释变量为家庭年龄结构类变量，包括衡量家庭养老压力的家庭中 60 岁以上的人口及其占家庭总人口的比重，分别记为 number_60 和 percentage_60；衡量家庭抚幼负担的家庭中 14 岁以下的人口及其占家庭总人口的比重，分别记为 number_14 和 percentage_14。随着预期寿命的延长和延迟退休政策的推广，65 岁越来越普遍地成为跨越老年的标准，因此我们还将家庭中 65 岁以上的人口及其占家庭总人口的比重（分别记为 number_65 和 percentage_65）作为解释变量，检验结论的稳健性。

控制变量包括家庭层面和个体层面两类，家庭层面的控制变量有城乡虚拟变量（城镇 =1，乡村 =0）及其与家庭年龄结构类变量的交叉项，以分析老龄化和抚幼负担对家庭教育投资影响的城乡差异；此外还包括家庭规模、家庭中正在上学的人数（被解释变量为 edu_expense 或 edu_ratio 时使用）、家庭中接受非义务教育的人数（被解释变量为 edu_expense_2 或 edu_ratio_2 时使用）、家庭中有养老保险的人数、过去一年家庭中住院的

---

❶　CFPS 统计的家庭教育支出包括与教育相关的所有支出，包括学杂费、择校费、课外辅导费、教辅材料费、培训费等。

❷　《中华人民共和国义务教育法》第二条规定："义务教育是国家统一实施的所有适龄儿童、少年必须接受的教育，是国家必须予以保障的公益性事业。实施义务教育，不收学费、杂费。"第五条规定："适龄儿童、少年的父母或者其他法定监护人应当依法保证其按时入学接受并完成义务教育。"

人数、家庭总资产、家庭净收入、储蓄率、是否祭祖扫墓（是 = 1，否 = 0）等。其中"是否祭祖扫墓"是衡量孝道文化的虚拟变量，如果家庭过去一年进行过祭祖扫墓类活动，说明孝道水平较高。CFPS 没有对户主进行定义和识别，将成人问卷中每个家庭的收入水平最高者作为户主，近似作为家庭决策者，以此捕捉家庭决策者的个人特征，包括其社会经济地位（ISEI 值）❶、受教育程度❷、是否有工作、年龄及年龄的平方等。此外，还控制了年份虚拟变量和省份虚拟变量。

表 3 - 1 报告了以上变量的描述性统计结果。从被解释变量来看，样本家庭的年平均教育支出为 2843.89 元，占家庭总支出的比重为 7.3%；非义务教育支出平均为 2332.21 元，占家庭总支出的 5.8%，这四个变量的标准差都大于均值，意味着不同家庭的教育支出差异较大。从解释变量来看，平均每个家庭有 0.65 个 60 岁以上的老年人、0.43 个 65 岁以上的老年人、0.66 个 14 岁以下的少儿，但 percentage_14 小于 percentage_60 和 percentage_65，原因在于少儿人口与家庭规模的相关系数远大于老年人口与家庭规模的相关系数，❸ 意味着随着家庭规模增大，少儿人口增加量多于老年人口增加量。此外，还可以发现样本中平均家庭规模为 3.8 人，47% 的是城镇家庭，67% 的家庭会祭祖扫墓等。

表 3 - 1　变量描述性统计

变量名	变量含义	均值	标准差	最小值	最大值
被解释变量					
edu_expense	过去一年家庭教育支出（元）	2843.89	5574.57	0	30000
edu_expense_2	过去一年家庭非义务教育支出（元）	2332.21	5309.11	0	30000

❶ ISEI 值为国际标准职业社会经济指数（International Socio - Economic Index of Occupational Status, ISEI），是基于职业的平均受教育水平和收入计算而来的反映职业间相对地位的连续性指标，这一指标也可作为衡量家庭社会资本水平的代理变量。CFPS 还提供了另一种衡量个体社会经济地位的指标 SIOP 值，依据标准国际职业声望量表（Treiman's Standard International Occupational Prestige Scale, Treiman's SIOPS）测算得到。使用了 SIOP 值作为替代 ISEI 值的控制变量，两种结果一致。

❷ CFPS 将个体受教育程度从文盲（半文盲）到博士（含在职）细分为 8 个等级；等级越高，代表受教育程度越高。

❸ 家庭年龄结构与家庭规模的相关系数为：cov（percentage_14, familysize）0.66，cov（percentage_60, familysize）0.13，cov（percentage_65, familysize）0.09。

续表

变量名	变量含义	均值	标准差	最小值	最大值
edu_ratio	教育支出占家庭总支出的比重（%）	0.073	0.134	0	0.959
edu_ratio_2	非义务教育支出占家庭总支出的比重（%）	0.058	0.127	0	0.959
解释变量					
number_60	家庭中60岁及以上的人口（人）	0.65	0.84	0	7
percentage_60	60岁及以上的家庭成员占家庭总人口的比重（%）	21.59	32.57	0	100
number_65	家庭中65岁及以上的人口（人）	0.43	0.71	0	7
percentage_65	65岁及以上的家庭成员占家庭总人口的比重（%）	14.73	28.23	0	100
number_14	家庭中14岁及以下的人口（人）	0.66	0.88	0	8
percentage_14	14岁及以下的家庭成员占家庭总人口的比重（%）	13.841	17.22	0	100
控制变量					
urban	城乡（城镇=1，乡村=0）	0.47	0.50	0	1
number_family	家庭规模（人）	3.80	1.79	1	26
number_school	家庭中上学的人数（人）	0.58	0.78	0	8
number_school_2	家庭中接受非义务教育的人数（人）	0.24	0.49	0	4
number_insurance	家庭中有养老保险的人数（人）	0.83	1.13	0	8
number_hospital	过去一年家庭中住院的人数（人）	0.22	0.47	0	4
total_asset	家庭总资产（元）	327609	560401	-36875	3586800
net_income	过去一年家庭净收入（元）	38829	38360	400	211000
saving_rate	储蓄率	-0.73	2.17	-8.06	0.77
whether_jizu	是否祭祖扫墓（是=1，否=0）	0.67	0.47	0	1
isei_head	户主的社会经济地位（ISEI值）	34.37	14.26	19	90
edu_head	户主受教育程度	2.79	1.37	1	8
age_head	户主的年龄（岁）	45.72	16.16	0	102
age_headsq	户主年龄的二次方	2351.34	1581.59	0	10404
whether_work_head	户主是否有工作	0.65	0.48	0	1
年份虚拟变量、省份虚拟变量					

三、老龄化条件下家庭教育投资的影响因素分析

（一）计量模型

由于样本中50.69%的家庭没有教育投资，62.53%的家庭没有非义务教育支出，所以 edu_expense 和 edu_expense_2 是归并数据（censored variables），其核密度函数如图3-2所示，使用线性估计方法不能得到一致的估计，因此在家庭教育支出和非义务教育支出作为被解释变量的回归中使用面板 Tobit 模型。

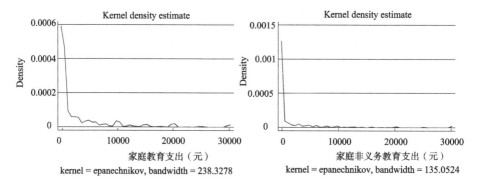

图3-2 家庭教育支出和非义务教育支出的核密度函数估计

家庭教育支出和非义务教育支出占家庭总支出的比重是比例观测值，因此 edu_ratio 和 edu_ratio_2 是有界变量（bounded variables）。对于比例观测值作为被解释变量，传统的 Logit 和 Probit 模型由于对总体分布的假设过于严格而并不适用，Tobit 模型只适用于单边受限的被解释变量（Gallani et al, 2015），因此使用 Papke 和 Wooldridge（1996，2008）提出的 Fractional Response Model（FRM）来估计 edu_ratio 和 edu_ratio_2 作为被解释变量的回归。此外，家庭的人力资本投资决策可以分为拥有不同决定机制的两阶段，第一阶段为参与决策（participation decision），决定是否进行教育投资；第二阶段为数量决策（amount decision），决定教育投资量。为分别探究养老压力和抚幼负担对两阶段决策的影响，还使用了 Heckman 两阶段模型对以上被解释变量进行分析。

（二）基本分析

表 3－2 报告了面板 Tobit 和面板 FRM 模型的基础回归结果，估计结果中第 1、3、5、7 列的被解释变量是家庭教育支出，使用的是面板 Tobit 模型；第 2、4、6、8 列的被解释变量是家庭教育支出占家庭总支出的比重，使用的是面板 FRM 估计。

估计结果中第 1～2 列的解释变量为家庭 60 岁以上人口占总人口的比重和 14 岁以下人口占总人口的比重，二者的估计系数都在 1% 的水平上显著为负；意味着其他条件不变的情况下，老年和少儿人口抚养比越高，家庭教育投资及其占家庭总支出的比重越低，养老压力和抚幼负担都对家庭人力资本投资有显著负效应。第 3～4 列的解释变量为老年和少儿人口数量，其估计系数也都在 1% 的水平上显著为负。与 1～4 列不同的是，第 5～8 列模型衡量老龄化程度的解释变量为家庭中 65 岁以上的人口数或其占家庭总人口的比重，估计结果与 1～4 列基本一致，都在 1% 的水平上显著为负。在以上各个模型的回归结果中，抚幼负担变量的估计系数是老龄化变量的估计系数的两倍以上；意味着相对于养老压力，抚幼负担对微观人力资本投资的影响更大，这也间接证实了我国家庭子女质量与数量存在替代关系（Rosenzweig & Zhang，2009；Liu H.，2014）。

解释变量的估计结果证实了理论模型的结论：在以反馈式代际关系为特征的中国家庭，老龄化会显著降低微观教育投资。此外，抚幼负担的估计系数也显著为负且比老龄化变量的估计值更大，意味着我国为解决老龄化问题而采取的放松计划生育政策会进一步挤出微观教育投资，并且其对人力资本投资的负面效应比老龄化本身的影响更大。

就控制变量来看，城镇虚拟变量与家庭年龄结构交叉项的估计系数基本显著为正，说明农村家庭的养老压力和抚幼负担对微观人力资本投资的影响比城镇家庭更大；意味着老龄化会增大城乡家庭间的人力资本禀赋差距，不利于缩小城乡收入差距。储蓄率对家庭教育投资量的影响均在 1% 的水平上显著为负，这印证了理论模型的结论：教育投资和资产投资在养老保障方面存在替代关系。但是，储蓄率对家庭教育投资占家庭总支出的

表3-2 基础回归结果

模型	Panel Tobit Model	Panel FRM Model	Panel Tobit Model	Panel FRM Model	Panel Tobit Model	Panel FRM Model	Panel Tobit Model	Panel FRM Model
变量	edu_expense	edu_ratio	edu_expense	edu_ratio	edu_expense	edu_ratio	edu_expense	edu_ratio
percentage_60	-45.124*** (3.432)	-0.006*** (4.66e-04)						
urban * percentage_60	10.326** (4.853)	0.002*** (0.001)						
number_60			-791.942*** (87.681)	-0.121*** (0.012)				
urban * number_60			29.328 (124.367)	0.017 (0.017)				
percentage_65					-31.787*** (4.332)	-0.004*** (0.001)		
urban * percentage_65					15.677** (6.375)	0.002*** (0.001)		
number_65							-623.212*** (105.582)	-0.089*** (0.014)
urban * number_65							185.195 (154.825)	0.015 (0.021)
percentage_14	-74.004*** (3.995)	-0.015*** (0.001)			-71.376*** (4.016)	-0.014*** (0.001)		

续表

模型	Panel Tobit Model	Panel FRM Model	Panel Tobit Model	Panel FRM Model	Panel Tobit Model	Panel FRM Model	Panel Tobit Model	Panel FRM Model
urban * percentage_14	37.905 *** (5.402)	0.004 *** (0.001)			36.432 *** (5.416)	0.004 *** (0.001)		
number_14			-2272.83 *** (80.628)	-0.372 *** (0.012)			-2248.805 ** (81.347)	-0.371 *** (0.012)
urban * number_14			458.961 *** (105.802)	0.027 * (0.014)			445.093 *** (105.780)	0.025 * (0.014)
urban	-264.864 * (160.618)	-0.107 *** (0.022)	123.571 (149.816)	-0.048 ** (0.021)	-200.139 (156.226)	-0.093 *** (0.022)	104.442 (146.961)	-0.044 ** (0.021)
number_family	405.833 *** (34.554)	0.034 *** (0.005)	962.298 *** (41.048)	0.117 *** (0.006)	395.773 *** (34.747)	0.033 *** (0.005)	890.019 *** (40.882)	0.107 *** (0.006)
number_school	4060.533 *** (70.837)	0.397 *** (0.011)	4321.043 *** (70.180)	0.425 *** (0.011)	4080.020 *** (71.178)	0.397 *** (0.011)	4329.899 *** (70.395)	0.425 *** (0.011)
number_insurance	-72.581 (46.523)	-0.014 ** (0.006)	-116.560 ** (46.089)	-0.017 *** (0.006)	-94.302 ** (46.677)	-0.017 *** (0.006)	-138.224 *** (46.149)	-0.020 *** (0.006)
total_asset	0.001 *** (1.72e-04)	-8.07e-08 *** (2.22e-08)	0.001 *** (1.70e-04)	-9.34e-08 *** (2.23e-08)	0.001 *** (1.73e-04)	-8.19e-08 *** (2.22e-08)	0.001 *** (1.70e-04)	-9.55e-08 *** (2.23e-08)
net_income	0.022 *** (0.002)	-1.76e-06 *** (2.72e-07)	0.021 *** (0.002)	-1.93e-06 *** (2.75e-07)	0.023 *** (0.002)	-1.68e-06 *** (2.73e-07)	0.021 *** (0.002)	-1.88e-06 *** (2.76e-07)

续表

模型	Panel Tobit Model	Panel FRM Model	Panel Tobit Model	Panel FRM Model	Panel Tobit Model	Panel FRM Model	Panel Tobit Model	Panel FRM Model
saving_rate	-456.133***	-0.002	-451.223***	-0.001	-463.335***	-0.003	-455.999***	-0.002
	(24.136)	(0.003)	(23.806)	(0.003)	(24.164)	(0.003)	(23.838)	(0.003)
whether_jizu	346.462***	0.020	294.824***	0.015	343.972***	0.020	295.562***	0.015
	(95.273)	(0.013)	(93.998)	(0.013)	(95.498)	(0.013)	(94.173)	(0.013)
isei_head	15.925***	-4.06e-05	16.360***	1.11e-04	15.396***	-4.31e-05	16.120***	5.98e-05
	(3.859)	(0.001)	(3.803)	(0.001)	(3.872)	(0.001)	(3.810)	(0.001)
edu_head	441.400***	0.050***	450.548***	0.052***	457.933***	0.053***	454.494***	0.052***
	(46.675)	(0.006)	(45.889)	(0.006)	(46.812)	(0.006)	(45.976)	(0.006)
age_head	498.839***	0.050***	533.821***	0.054***	547.852***	0.058***	553.017***	0.058***
	(23.019)	(0.004)	(22.251)	(0.004)	(22.984)	(0.004)	(22.255)	(0.004)
age_headsq	-5.318***	-0.001***	-5.821***	-0.001***	-6.024***	-6.33e-04***	-6.115***	-0.001***
	(0.269)	(5.00e-05)	(0.258)	(4.69e-05)	(0.267)	(5.08e-05)	(0.257)	(4.76e-05)
whether_work_head	-136.900	-0.037*	-112.211	-0.034	6.630	-0.020	-35.442	-0.024
	(145.830)	(0.021)	(143.427)	(0.021)	(145.193)	(0.021)	(143.276)	(0.021)
年份虚拟变量	显著	显著	显著	显著	显著	显著	显著	显著
省份虚拟变量	显著	显著	显著	显著	显著	显著	显著	显著
常数项	-18209.880***	-2.896***	-20475.55***	-3.251***	-19448.34***	-3.066***	-20759.1***	-3.303***
	(872.305)	(0.127)	(847.327)	(0.125)	(873.911)	(0.128)	(849.365)	(0.125)
样本量	23512	23201	23512	23201	23512	23201	23512	23201

注：***、**、* 分别表示在1%、5%和10%的水平上显著，（）中为标准误，● 下同。

● 面板 FRM 回归中使用的是异方差稳健标准误，面板 Tobit 模型和 Heckman 两阶段模型使用的是普通标准误。

比重的影响并不显著，这是因为储蓄率越高家庭总支出率越低，● 导致储蓄率对家庭教育支出与家庭总支出的比值的影响不显著。家庭规模对家庭教育投资的影响显著为正，这可能源于如前所述的原因：随着家庭规模增大，少儿人口增加量多于老年人口增加量；少儿人口越多所需教育投资越多，因此在控制了少儿总人口（或抚养比）的情况下，家庭规模的估计系数显著为正。衡量家庭孝道水平的变量"是否祭祖扫墓"对家庭教育总支出有显著正效应，这也印证了理论模型的结论：由孝道水平决定的代际交换强度 w 越高，进行教育投资的收益率 R_h 越大，有利于促进家庭教育投资。孝道水平对 edu_ratio 的影响不显著，这是因为孝道水平越高家庭总支出也越高，● 这或许源于孝道水平越高的家庭的养老支出越多。

此外，家庭中上学的人数、家庭总资产和净收入、户主的受教育程度和社会经济地位都对家庭教育支出有显著正效应，与理论预期相一致。在家庭教育支出占总支出的比重作为被解释变量时，家庭总资产和净收入的估计系数显著为负，这是因为总资产和净收入越高的家庭，总支出也越高，并且家庭总资产和净收入与总支出的相关系数远高于其与家庭教育支出的相关系数。● 户主年龄的估计系数显著为正，其年龄平方的估计系数显著为负；意味着随着年龄增长，户主倾向于提高家庭教育支出，而年长到一定阶段以后就会倾向于降低对年轻家庭成员的教育投资。家庭中有养老保险的人数的估计值显著为负且不稳健，这是由于两方面原因：一方面，家庭中有养老保险的成员中既包括已在享受养老保险的也包括正在缴纳养老保险的，前者相当于储蓄，对家庭当前的教育投资有负效应；后者相当于收入，对教育投资有正效应，而由于数据所限目前无法精确区分两类情况，只能使用有养老保险的总人数。另一方面，家庭中有养老保险的成员拥有的可能是保障水平较高的城镇居民养老保险，也可能是保障水平

● 储蓄率与家庭总支出的相关系数为 cov（saving_rate, expense）0.11。

● 是否祭祖扫墓和家庭总支出的相关系数为 cov（whether_jizu, expense）0.09。

● 家庭总资产、净收入与家庭总支出和教育支出的相关系数为：cov（total_asset, expense）0.42，cov（total_asset, edu_expense）0.13，cov（net_income, expense）0.48，cov（net_income, edu_expense）0.16。

相对较低的企业补充养老保险、老农保、新农保、商业保险等；由于 CFPS 的三期调查问卷中关于这些险种的划分不尽相同，无法精确区分以构造更细致的保险变量，导致估计结果不稳健。

进而利用 Heckman 两阶段模型分析老龄化和抚幼负担对两类教育投资决策的影响，回归结果如表 3-3 所示。在第一阶段回归中，增加了"家庭中住院的人数"作为工具变量，回归结果显示该变量显著降低了家庭教育投资的概率。此外，所有 Heckman 模型中 mills lambda 的估计值都在 1% 的水平上显著，意味着存在样本选择效应，有必要使用 Heckman 两阶段模型。

Heckman 两阶段模型回归结果表明，老龄化变量在第一阶段和第二阶段都显著为负，说明老龄化不仅显著降低了家庭投资人力资本的概率，对投资量也有显著负效应，这再次印证了理论模型和以上实证模型的结论。家庭少儿人口及其占家庭总人口的比重在第一阶段回归中都显著为正，而在第二阶段中显著为负，意味着少儿人口越多或其占比越大，家庭投资人力资本的概率越高，而在选择了投资人力资本的前提下，抚幼负担就会对人力资本投资量产生挤出效应。此外，城乡虚拟变量和解释变量的交叉项的估计系数都显著为正，进一步说明城镇家庭在教育投资方面占有优势。其他控制变量的回归结果与表 3-1 基本相同。

（三）稳健性分析和异质性分析

如前所述，对义务教育阶段的家庭成员的教育支出未必能客观反映家庭的主动选择，所以这里将家庭非义务教育支出及其占家庭总支出的比重作为被解释变量，利用面板 Tobit、FRM 和 Heckman 两阶段模型探究老龄化和抚幼负担对非义务教育投资的影响，检验基础回归所得结论的稳健性，结果如表 3-4 所示。❶

---

❶ 这里只展示了以 60 岁以上和 14 岁以下人口占家庭总人口的比重作为解释变量的回归结果，以基础回归中的其他解释变量进行回归所获结果与之基本一致。

表 3-3　Heckman 两阶段模型回归结果

模型	Heckman Selection Model 1	Heckman Selection Model 1	Heckman Selection Model 2	Heckman Selection Model 2	Heckman Selection Model 3	Heckman Selection Model 3	Heckman Selection Model 4	Heckman Selection Model 4
变量	whether edu_expense >0	edu_expense	whether edu_expense >0	edu_expense	whether edu_ratio >0	edu_ratio	whether edu_ratio >0	edu_ratio
percentage_60	-0.011^{***} (0.001)	-18.571^{***} (3.632)			-0.011^{***} (0.001)	-0.001^{***} ($1.15e-04$)		
urban * percentage_60	0.004^{***} (0.001)	9.660^{*} (4.961)			0.004^{***} (0.001)	$3.56e-04^{**}$ ($1.58e-04$)		
percentage_65			-0.010^{***} (0.001)	-10.003^{**} (4.518)			-0.010^{***} (0.001)	$-3.25e-04^{**}$ ($1.44e-04$)
urban * percentage_65			0.004^{***} (0.002)	13.896^{**} (6.521)			0.004^{***} (0.002)	$3.78e-04^{*}$ ($2.07e-04$)
percentage_14	0.013^{***} (0.001)	-114.887^{***} (3.496)	0.014^{***} (0.001)	-115.150^{**} (3.533)	0.013^{***} (0.001)	-0.004^{***} ($1.11e-04$)	0.014^{***} (0.001)	-0.004^{***} ($1.12e-04$)
urban * percentage_14	0.006^{***} (0.002)	26.145^{***} (4.797)	0.006^{***} (0.002)	26.010^{***} (4.824)	0.006^{***} (0.002)	0.001^{***} ($1.52e-04$)	0.006^{***} (0.002)	0.001^{***} ($1.53e-04$)
number_hospital	-0.144^{***} (0.027)		-0.154^{***} (0.027)		-0.144^{***} (0.027)		-0.154^{***} (0.027)	

续表

模型	Heckman Selection Model 1	Heckman Selection Model 1	Heckman Selection Model 2	Heckman Selection Model 2	Heckman Selection Model 3	Heckman Selection Model 3	Heckman Selection Model 4	Heckman Selection Model 4
年份虚拟变量	显著	显著	显著	显著	显著	显著	显著	显著
省份虚拟变量	显著	显著	显著	显著	显著	显著	显著	显著
其他控制变量	Yes	Yes	Yes	Yes	Yes	Yes	Yes	Yes
常数项	1.629*** (0.077)	-2001.097*** (234.712)	1.583*** (0.076)	-1929.291*** (236.230)	1.629*** (0.077)	-0.044*** (0.007)	1.583*** (0.076)	-0.043*** (0.008)
mills lambda	-1238.069*** (165.895)	-1238.069*** (165.895)	-1395.462*** (164.924)	-1395.462*** (164.924)	-0.039*** (0.005)	-0.039*** (0.005)	-0.044*** (0.005)	-0.044*** (0.005)
样本量	22820	22820	22820	22820	22820	22820	22820	22820

注：Yes 表示该类变量已控制，控制变量的具体设置见表 3 - 1。

表 3－4　稳健性分析－非义务教育支出回归结果

模型	Panel Tobit Model	Panel FRM Model	Heckman Selection Model 5	Heckman Selection Model 5	Heckman Selection Model 6	Heckman Selection Model 6
变量	$edu\_expense\_2$	edu_ratio_2	whether $edu\_expense\_2 > 0$	$edu\_expense\_2$	whether $edu\_ratio\_2 > 0$	edu_ratio_2
percentage_60	-41.423*** (3.996)	-0.006*** (0.001)	-0.012*** (0.001)	-19.446*** (5.487)	-0.012*** (0.001)	-0.001*** (1.73e-04)
percentage_14	-53.510*** (4.453)	-0.015*** (0.001)	-0.001 (0.001)	-119.337*** (3.826)	-0.001 (0.001)	-0.004*** (1.21e-04)
urban * percentage_60	12.224** (5.622)	0.003*** (0.001)	0.003** (0.001)	11.553** (5.634)	0.003** (0.001)	4.04e-04** (1.77e-04)
urban * percentage_14	6.802 (6.365)	0.003*** (0.001)	0.003** (0.002)	16.903*** (5.419)	0.003** (0.002)	0.001*** (1.71e-04)
number_hospital			-0.090*** (0.025)		-0.090*** (0.025)	
年份虚拟变量	显著	显著	显著	显著	显著	显著
省份虚拟变量	显著	显著	显著	显著	显著	显著
其他控制变量	Yes	Yes	Yes	Yes	Yes	Yes
常数项	-21116.06*** (1028.134)	-3.095*** (0.148)	1.755*** (0.069)	-3542.647*** (267.302)	1.755*** (0.069)	-0.088*** (0.008)
mills lambda			-1140.889*** (475.120)	-1140.889*** (475.120)	-0.049*** (0.015)	-0.049** (0.015)
样本量	23512	23201	22820	22820	22820	22820

注：Yes 表示该类变量已控制，控制变量的具体设置见表 3－1。

表 3 - 4 估计结果中的第 1~2 列显示，老龄化和抚幼负担对家庭非义务教育支出有显著负效应，证明了基础回归中所得结论的稳健性。在 Heckman 两阶段回归中，以"家庭中住院的人数"作为工具变量，其估计值显著为负，相应 mills lambda 的估计系数都至少在 5% 的水平上显著。60 岁以上人口占家庭总人口的比重在两阶段回归中都显著为负，说明养老压力对家庭选择非义务教育投资的概率和投资量都有显著负效应。与基础回归结果不同的是，14 岁以下人口占家庭总人口的比重对家庭投资非义务教育的概率不再有显著影响；这是因为 14 岁以下的家庭成员基本处于义务教育阶段，其数量和比重会提高家庭投资义务教育的概率，从而提高教育总投资的概率（表 3 - 3 估计结果的第 1、3、5、7 列），但是对投资非义务教育的概率并无影响。与基础回归结论一致，在选择了投资非义务教育的前提下，抚幼负担会对非义务教育投资量产生挤出效应。

以上所有回归中省份虚拟变量的联合显著性都较强，因此将样本划分为东部家庭、中部家庭和西部家庭三个子样本分别回归，❶ 进一步探究老龄化和抚幼负担对微观人力资本投资影响的区域差异。以 60 岁以上和 14 岁以下人口占家庭总人口的比重作为解释变量，以家庭教育投资占总支出的比重作为被解释变量，回归结果如表 3 - 5 所示。❷ 表 3 - 5 显示，60 岁以上和 14 岁以下人口占家庭总人口的比重的估计值在东中西部家庭三个子样本回归中都显著为负，并且两个解释变量估计系数的绝对值自东向西依次增大，说明老龄化和抚幼负担对微观人力资本投资的负效应自东向西逐渐增大。❸ 这意味着东中西部地区的人力资本禀赋差距会受老龄化影响而继续增大，不利于缩小区域发展水平。

---

❶ 东、中、西部的划分标准依据国家统计局标准，CFPS 样本涵盖的 25 个省/市/自治区中，东部地区包括北京、天津、河北、辽宁、山东、江苏、浙江、上海、福建、广东，中部地区包括山西、吉林、黑龙江、安徽、江西、河南、湖北、湖南，西部地区包括广西、重庆、四川、贵州、云南、陕西、甘肃。

❷ 以家庭非义务教育投资作为被解释变量或使用其他解释变量的回归结果与表 3 - 5 基本一致。

❸ 对此进行了 Chow 检验，结果表明老龄化和抚幼负担对不同区域家庭人力资本投资的影响差异是显著的。同样，在下文对不同收入阶层家庭的子样本回归中，也进行了 Chow 检验，结果也显著。

表 3 – 5　分区域回归结果

模型	Panel FRM Model		
样本	东部家庭	中部家庭	西部家庭
变量	edu_ratio	edu_ratio	edu_ratio
percentage_60	− 0.0056 ***	− 0.0061 ***	− 0.0070 ***
	(0.001)	(0.001)	(0.001)
percentage_14	− 0.012 ***	− 0.014 ***	− 0.017 ***
	(0.001)	(0.001)	(0.001)
urban * percentage_60	0.002 **	0.002	0.002 *
	(0.001)	(0.001)	(0.001)
urban * percentage_14	0.003 ***	0.002	0.004 ***
	(0.001)	(0.002)	(0.001)
年份虚拟变量	显著	显著	显著
省份虚拟变量	显著	显著	显著
其他控制变量	Yes	Yes	Yes
常数项	− 3.212 ***	− 2.399 ***	− 2.307 ***
	(0.162)	(0.373)	(0.132)
样本量	8550	5432	9219

注：Yes 表示该类变量已控制，控制变量的具体设置见表 3 – 1。

　　为考察老龄化和抚幼负担对不同收入阶层家庭影响的差异，根据 2010 年、2012 年和 2014 年三期家庭净收入的均值的分位数，将家庭划分为低收入家庭、中低收入家庭、中高收入家庭和高收入家庭四类，以此进行子样本回归，结果报告在表 3 – 6 中。回归结果显示，老龄化对低收入家庭人力资本投资的负效应大于中低收入家庭，进而大于中高收入家庭，而对高收入家庭的人力资本投资无显著影响，说明高收入家庭并不会因为养老压力而减少教育支出。同时，这意味着收入水平越低的家庭的人力资本投资越易于受老龄化的不利影响，在家庭养老压力增大时越倾向于降低教育投资；这会进一步增加不同收入阶层间的人力资本禀赋差异，不利于缩小收入分配差距。各个阶层的家庭中，14 岁以下的人口所占比重对家庭教育投资都有显著负效应，其负效应对中等收入家庭（包括中低和中高收入家庭）的影响最大，对高收入家庭的影响次之，而对低收入家庭的人力资本投资影响最小。这主要可能源于两方面原因，一是低收入家庭抚养子女的标准和花费相对较低，导致抚幼负担的影响相对较小；二是低收入家庭可能有更迫切的提高人力资本禀赋的主观希望，促使其在子女数量增加时更不愿牺牲其"质量"。

表3-6 不同收入水平家庭回归结果

模型	Panel FRM Model			
样本	低收入家庭	中低收入家庭	中高收入家庭	高收入家庭
变量	edu_ratio	edu_ratio	edu_ratio	edu_ratio
percentage_60	-0.0076 *** (0.001)	-0.0067 *** (0.001)	-0.0070 *** (0.001)	-1.84e-04 (0.002)
percentage_14	-0.012 *** (0.001)	-0.015 *** (0.001)	-0.016 *** (0.001)	-0.014 *** (0.002)
urban * percentage_60	-1.12e-04 (0.001)	0.002 * (0.001)	0.004 ** (0.001)	-0.002 (0.002)
urban * percentage_14	-0.001 (0.002)	0.003 * (0.001)	0.004 *** (0.001)	0.007 *** (0.002)
年份虚拟变量	显著	显著	显著	显著
省份虚拟变量	显著	显著	显著	显著
其他控制变量	Yes	Yes	Yes	Yes
常数项	-3.289 *** (0.234)	-1.652 *** (0.582)	-2.779 *** (0.272)	-4.039 *** (0.254)
样本量	5241	6177	6187	5583

注：Yes 表示该类变量已控制，控制变量的具体设置见表3-1。

"养儿防老"是我国传统的代际模式，世代交叠模型可以更清晰地描述这一反馈式的代际合作机制：每个个体依次经历幼年期、成年期和老年期三个阶段，在幼年期由父母抚养并接受教育；在成年期工作，同时赡养父母、抚养子女；在老年期退休，依靠子女的赡养费生活，"养儿防老"的代际模式其实是家庭内部现收现付式的养老保险制度，其中蕴含着父母与子女之间的隐性合约，我国历史上长久以来正是依赖这一制度安排解决了养老问题。如果将子女视为耐用"消费品"，那么随着老龄化的加剧，老年人所需赡养支出提高，消费的可得资金减少，从而家庭会降低养儿育女的"消费"性支出，这意味着老龄化会对子女的人力资本投资产生挤出效应。而如果将抚养子女作为"投资"，那么老龄化导致家庭赡养支出增加时，家庭面临更强的预算约束，提高收入的激励增强，从而会未雨绸缪地增加对子女的人力资本投资，以提高家庭在未来获得收入的能力。对养儿育女偏好的假设不同，关于老龄化的人力资本投资效应会得出迥异的结论。子女兼具"消费品"和"投资品"属性，那么如果抚育子女对父母而言"消费"属性更强，则老龄化不利于父母对子女的人力资本投资；反之如果养儿育女对父母而言更大程度上是一种"投资"，那么老龄化可能会促进对子女的人力资本投资。

第三节 老龄化条件下家庭人力资本投资的代际合作研究

迁移是人力资本投资的重要形式，我国最为显著的劳动力迁移模式是农村劳动力的乡城流动。近年来我国人口快速老龄化，2010—2016 年老年人口抚养比从 11.9% 增长到 15.0%，劳动年龄人口数量在 2013 年达到峰值，此后不断下降。[1] 这促使 2010 年以来我国劳动力市场供求结构转变，求人倍率始终大于 1。[2] 老龄化和劳动力短缺要求我国进一步发掘农村剩余劳动力，通过促进劳动力迁移提高劳动参与率（蔡昉，2016）。然而随着人口结构迅速变化，我国农民工数量增长趋缓，2011 年以来农民工总量增速持续回落，2012—2015 年农民工增速依次比上年下降了 0.5、1.5、0.5 和 0.6 个百分点。[3] 2016 年，进城农民工比上年减少 157 万人，下降 1.1%。[4] 老龄化是否抑制了我国农村劳动力迁移，其影响机制和实际效应

---

[1] 数据来源：国家统计局《中国统计年鉴（2017）》，http：//www. stats. gov. cn/tjsj/ndsj/2017/indexch. htm。

[2] 数据来源：中国人力资源市场信息监测中心，http：//www. chinajob. gov. cn/DataAnalysis/node_1041. htm。

[3] 数据来源：国家统计局《2015 年农民工监测调查报告》，http：//www. stats. gov. cn/tjsj/zxfb/201604/t20160428_1349713. html。

[4] 数据来源：国家统计局《2016 年农民工监测调查报告》，http：//www. stats. gov. cn/tjsj/zxfb/201704/t20170428_1489334. html。

如何，老龄化条件下如何有效促进农村劳动力转移就业，是后人口红利时期我国急需厘清并妥善处理的问题。

关于老龄化与农村劳动力迁移的关系，较多研究基于宏观视角分析了农村劳动力迁移对城乡老龄化进程的影响（刘昌平等，2008；童玉芬等，2014），发现农村劳动力转移就业减缓了城镇老龄化、加剧了农村老龄化（何小勤，2013）。但关于老龄化对农村劳动力迁移的影响缺乏系统的理论分析和实证研究。从宏观视角探讨老龄化和城镇化关系的一些成果可以间接折射出老龄化对农村劳动力流动的潜在影响。利用我国省级面板数据的实证分析，结果显示老龄化会通过心理成本和传统家庭养老模式两种机制阻碍城镇化进程（康传坤，2012）。此外，基于农村人口城乡迁移概率随年龄的分布呈现"中间大、两头小"的特征，游士兵等（2016）推断随着老龄化加剧，我国未来城市化速度会显著降低。这类宏观层面的分析结果似乎说明老龄化对农村劳动力流动存在抑制作用，但尚缺乏基于城乡迁移主体决策的微观研究。

微观视角下，一些研究从劳动参与率角度分析了老龄化的影响，发现人口老龄化与劳动参与率的关系显著为负（蒋承、赵晓军，2009；周祝平、刘海斌，2016）。此外，老龄化的影响存在性别差异，从事老年照料的女性更难进入劳动力市场，家务劳动更易于挤出女性的劳动力市场就业（刘柏惠，2014；陈璐等，2016），而男性是否从事有收入的工作则不会受老年父母的显著影响（马焱、李龙，2014）。但现有研究未在区分城乡和就业类型的基础上细致探究老龄化对农村劳动力农业就业和非农就业的异质性影响，所以难以判断老龄化对农村劳动力流动的效应。一些研究关注了人力资本、社会资本、子女等因素对中国劳动力迁移的影响因素（Zhao，1999；Wang et al，2016），但是没有将老龄化因素纳入解释变量。De Jong（2000）探究了家庭特征对农村劳动力迁移决策的影响，但在处理老年和未成年人变量时使用的是家庭总抚养比，没有考虑二者影响的异质性和交互作用。

从理论分析来看，老龄化对农村劳动力迁移的影响并不明确。一方面正如劳动参与率视角的研究所指出的，老年照料会增加劳动力的家务劳动时间，从而可能抑制农村劳动力转移就业。另一方面我国农村家庭中广泛存在着逆反哺的代际模式，老龄化促使老人承担更多抚养未成年人的责任，这可以解放年轻人的劳动时间（王亚章，2016），因此老龄化可能通过隔代抚育机制抵消就业挤出效应，甚至促进农村劳动力迁移。在现代化和城镇化进程中，我国家庭的传统观念虽有所弱化，但家庭内部的代际互惠机制和伦理习俗仍发挥巨大作用（封铁英、高鑫，2013；Liu，2014；Lu et al，2016；石金群，2016）。与发达国家中劳动力迁移伴随着原家庭的分裂和新家庭的形成有所不同（Bramley et al，2006），我国城乡劳动力迁移并不会造成原家庭的分裂，这体现为我国家庭结构的演化趋势既有向小的形态发展的一面，也有直系家庭获得维持的另一面，尤其在农村直系家庭增长仍是主流特征（王跃生，2015），祖父母隔代照料孙辈未成年人是我国农村的普遍现象（Zhang et al，2015）。

综上，微观层面关于老龄化对我国农村劳动力迁移的影响缺乏系统的理论分析和实证研究，老龄化可能通过就业挤出和隔代抚育两种机制影响农村劳动力迁移，但实际影响效应尚待明确。我国逆反哺式的代际模式下，隔代抚育广泛存在并对老年人和未成年人都有显著影响，但隔代抚育对成年劳动力就业和流动的影响还缺乏研究。本节基于微观家庭决策视角，通过构建农村劳动力迁移决策模型，理论探究了老龄化对农村劳动力迁移的影响；基于此利用中国家庭追踪调查2010—2014年面板数据，实证检验了老龄化和隔代抚育对我国农村劳动力迁移的影响效应，并细致分析了不同类型老年人和未成年人影响的差异，以及老龄化对不同年龄、性别、受教育水平、区域和阶层劳动力迁移影响的异质性。

一、理论分析

基于 Anam 和 Chiang（2007）的家庭劳动时间分配框架，构建农村家庭劳动力迁移模型。假设代表性农村家庭拥有 T 单位的总劳动时间，用于自家农业生产 T_f、家务劳动 T_h 和外出就业 T_o。[1] 假设用于自家农业生产的时间为 T_f，剩余时间中 λ 部分用于家务劳动、$1-\lambda$ 部分用于外出就业。假设 λ 外生决定，取决于家庭养老和抚幼情况；家中老年人数量为 n_e，未成

---

[1] 为分析简便暂不考虑闲暇，这不影响主要结论。

年人数量为 n_c，则 $\lambda = \lambda(n_e, n_c)$。假设劳动者是工资接收者，自家农业生产的报酬率为 w_f，外出就业的工资率为 w_o，并且 $w_o > w_f$。暂不考虑资产收入和储蓄，则家庭消费 C 等于家庭总收入 I，$C = I = w_f T_f + w_o T_o$。

考虑到迁移导致老年人和未成年人照料缺失会降低我国农村家庭成员的幸福度（Connelly & Maurer-Fazio，2016），所以假定农村劳动力直接承担养老和抚幼责任会增加家庭效用，由此家庭总效用来源于消费和劳动力承担的家务劳动两部分。依循 Munshi 和 Rosenzweig（2016）使用对数效用函数，则代表性农村家庭的效用最大化决策为：

$$\max_{T_o} U = \ln C + \beta \ln T_h \qquad (3-14)$$

$$\text{s. t. } C = w_f T_f + w_o T_o$$

$$T_h = \lambda T_o / (1 - \lambda)$$

$$T_f = T - T_o / (1 - \lambda)$$

当 $w_f \leqslant (1 - \lambda) w_o$，即从事自家农业生产的报酬率过低时，$\dfrac{\mathrm{d}U}{\mathrm{d}T_o} > 0$，家庭会放弃农业劳动，将 $T_h^* = \lambda T$ 的时间用于家务劳动，$T_o^* = (1 - \lambda) T$ 的时间用于外出就业，可得 $\dfrac{\partial T_o^*}{\partial \lambda} < 0$，因此外出劳动时间与 λ 负相关。

当 $w_f > (1 - \lambda) w_o$，令 $\dfrac{\mathrm{d}U}{\mathrm{d}T_o} = 0$ 得家庭最优时间配置方案为：$T_o^* = $

$\dfrac{\beta w_f (1 - \lambda)}{(1 + \beta) [w_f - (1 - \lambda) w_o]} T$，$T_f^* = \dfrac{w_f - (1 + \beta) (1 - \lambda) w_o}{(1 + \beta) [w_f - (1 - \lambda) w_o]} T$，$T_h^* = $

$\dfrac{\beta w_f \lambda}{(1 + \beta) [w_f - (1 - \lambda) w_o]} T$。不难证明 $\dfrac{\partial T_o^*}{\partial \lambda} = -\dfrac{\beta w_f^2 T}{(1 + \beta) [w_f - (1 - \lambda) w_o]^2}$

< 0，$\dfrac{\partial T_f^*}{\partial \lambda} = \dfrac{\beta w_f w_o T}{(1 + \beta) [w_f - (1 - \lambda) w_o]^2} > 0$，因此外出劳动时间与 λ 负相关，农业劳动时间与 λ 正相关。

综上，无论自家农业生产与外出就业的劳动报酬率差异如何，外出劳动时间都与 λ 负相关，老龄化对劳动力迁移的影响取决于 λ 与 n_e 的关系。若只考虑老龄化的就业挤出效应，则 $\dfrac{\partial \lambda}{\partial n_e} > 0$，$\dfrac{\partial T_o^*}{\partial n_e} = \dfrac{\partial T_o^*}{\partial \lambda} \dfrac{\partial \lambda}{\partial n_e} < 0$，老龄化对

农村劳动力迁移有负效应。而如果老年人从事隔代抚育促使 $\dfrac{\partial \lambda}{\partial n_e} < 0$，则

$\dfrac{\partial T_o^*}{\partial n_e} = \dfrac{\partial T_o^*}{\partial \lambda} \dfrac{\partial \lambda}{\partial n_e} > 0$，老龄化会促进农村劳动力迁移。

二、老龄化条件下家庭劳动力迁移特征分析

（一）数据处理

本节所使用的数据是中国家庭追踪调查（China Family Panel Studies，CFPS）2010 年、2012 年和 2014 年三期全国整合样本面板数据。在样本选取方面，使用流出地和流入地结合的标准对农村家庭进行分析。出于数据采集的便利性，现有大多关于流动人口的研究都采用流入地标准，即抽样框或受访对象从流入地获得，流入地调查虽然能够相对方便地接触到流动人口，但抽样的对象都是在流入地居住满一定期限的家庭户，这一抽样方式难以捕捉居住在工地工棚、临时住宅、集体宿舍的流动人口。另外，流入地抽样的数据只包括已经发生外出的人口样本，未包括在农村的留守者和回流者，因此容易产生样本选择偏差（李代、张春泥，2016）。同时，由于流出者的信息难以追踪，流出地调查也往往产生追踪难度大、信息缺失等问题。选取的样本既包括在农村地区接受调查的家庭（流出地标准），也包括在城镇地区接受调查但一半以上成员为农村户口的家庭（流入地标准），共计 19855 个家庭样本，由此兼顾了流出地和流入地标准。此外，CFPS 采用了电访和代答作为面访的补充调研方式，即便一些家庭成员由于外出离家而没有完成个人问卷，这些成员只要经济上与原家庭联系在一起，就会登记在册，其基本的社会人口信息会通过电访或代答采集，可以较大限度地解决追踪难度大、信息缺失的问题。

（二）特征分析

本章节的主要被解释变量为家庭劳动力迁移人数；此外，为探究老龄化对不同性别、年龄和教育水平劳动力迁移的异质性影响，还将男性、女性、16~40 岁、41~59 岁、高中以上学历、高中以下学历的劳动力迁移数

量作为被解释变量进行分析。本章的解释变量包括衡量家庭养老压力的60岁及以上人数、衡量抚幼负担的16岁以下人数及二者的交叉项；在稳健性分析中，使用了老年和未成年人口的虚拟变量及其交叉项。为探究不同类项的老年人和未成年人对农村劳动力迁移的异质性影响，进一步将老年人按性别划分为男性老年人和女性老年人，按年龄分为中低龄老年人（60~75岁）和高龄老年人（76岁及以上），按自报健康状况分为健康老年人和不健康老年人，将未成年人分为学龄前未成年人（0~5岁）和学龄期未成年人（6~15岁）。

　　根据被解释变量的不同，使用了不同的劳动力数量类控制变量，包括家庭16~59岁的劳动力数量、16~59岁的男性劳动力数量、16~59岁的女性劳动力数量、16~40岁的劳动力数量、41~59岁的劳动力数量、16~59岁高中以上学历劳动力数量、16~59岁高中以下学历劳动力数量等。我们还控制了家庭特征类控制变量，包括家庭总资产、家庭中上学的人数、60岁及以上成员中有养老保险的人数、60岁以下成员中有养老保险的人数、住院的人数、是否祭祖扫墓等。其中"是否祭祖扫墓"是衡量孝道文化的虚拟变量，如果家庭过去一年进行过祭祖扫墓类活动，说明孝道水平较高。CFPS没有对户主进行定义和识别，我们将成人问卷中每个家庭的收入水平最高者作为户主，近似作为家庭决策者，以此捕捉家庭决策者的个人特征，包括受教育程度、年龄及年龄的平方等。此外，还控制了年份虚拟变量和省份虚拟变量。以上变量描述性统计见表3-7。

表3-7　变量描述性统计

变量名	变量含义	均值	标准差	最小值	最大值
被解释变量					
number_migrant	家庭劳动力迁移人数	0.698	0.928	0	7
number_migrant_ma	家庭男性劳动力迁移人数	0.446	0.634	0	4
number_migrant_fe	家庭女性劳动力迁移人数	0.252	0.493	0	4
number_migrant_1640	家庭16~40岁的劳动力迁移人数	0.443	0.720	0	6
number_migrant_4159	家庭41~59岁的劳动力迁移人数	0.255	0.537	0	6

续表

变量名	变量含义	均值	标准差	最小值	最大值
number_migrant_h	家庭高中以上学历的劳动力迁移人数	0.179	0.474	0	6
number_migrant_uh	家庭高中以下学历的劳动力迁移人数	0.518	0.782	0	5
解释变量					
number_60	家庭 60 岁及以上老年人数量	0.604	0.803	0	5
whether_60	家庭是否有 60 岁及以上的老年人（是 =1，否 =0）	0.413	0.492	0	1
number_6075	家庭 60 ~ 75 岁老年人数量	0.486	0.750	0	5
number_76	家庭 75 岁及以上老年人数量	0.118	0.366	0	3
number_60_ma	家庭 60 岁及以上男性老年人数量	0.303	0.470	0	4
number_60_fe	家庭 60 岁及以上女性老年人数量	0.301	0.471	0	3
number_60_healthy	家庭 60 岁及以上健康老年人数量	0.421	0.670	0	4
number_60_unhealthy	家庭 60 岁及以上不健康老年人数量	0.184	0.446	0	3
number_16	家庭 16 岁以下未成年人数量	0.796	0.952	0	7
whether_16	家庭是否有 16 岁以下的未成年人（是 =1，否 =0）	0.518	0.410	0	1
number_05	家庭 6 岁以下未成年人数量	0.315	0.598	0	6
number_615	家庭 6 ~ 15 岁未成年人数量	0.481	0.737	0	7
劳动力数量类控制变量					
number_1659	家庭 16 ~ 59 岁劳动力数量	2.538	1.469	0	17

变量名	变量含义	均值	标准差	最小值	最大值
number_1640	家庭16~40岁劳动力数量	1.453	1.115	0	12
number_4159	家庭41~59岁劳动力数量	1.085	0.903	0	6
number_1659_ma	家庭16~59岁男性劳动力数量	1.295	0.857	0	9
number_1659_fe	家庭16~59岁女性劳动力数量	1.243	0.843	0	8
number_1659_h	家庭16~59岁高中以上学历劳动力数量	0.472	0.791	0	7
number_1659_uh	家庭16~59岁高中以下学历劳动力数量	2.066	1.359	0	16
家庭特征类控制变量					
total_asset	家庭总资产	213397.4	356571.9	-36875	3586800
number_school	家庭中上学的人数	0.620	0.816	0	6
number_insurance60	家庭60岁及以上有养老保险的人数	0.451	0.920	0	8
number_insurance59	家庭60岁以下有养老保险的人数	0.313	0.657	0	7
number_hospital	家庭住院人数	0.223	0.476	0	4
whether_jizu	是否祭祖扫墓（是=1，否=0）	0.670	0.470	0	1
edu_head	家庭决策者教育水平	2.454	1.175	1	7
age_head	家庭决策者年龄	45.038	15.917	0	102
age_headsq	家庭决策者年龄的平方	2281.753	1535.488	0	10404
whether_migrant_region	家庭所在村居是否有较多劳动力流出（是=1，否=0）	0.181	0.385	0	1
年份虚拟变量、省份虚拟变量					

　　首先对所关注的核心变量（家庭老年人数量和迁移人数）进行统计性描述分析：图3-3中家庭老年人数量和迁移人数的拟合曲线显示二者负相关，随着老年人增多，家庭迁移人数减少。此外，没有未成年人的家庭样

本的拟合曲线比总样本拟合曲线更为陡峭，而有未成年人的农村家庭的拟合曲线非常平坦，斜率接近为0。这意味着没有未成年人的农村家庭中，老龄化程度与劳动力迁移的负相关性更强，有未成年人的农村家庭中老龄化与劳动力迁移的负相关性很弱，下面进一步运用计量方法细致分析其中蕴含的逻辑。

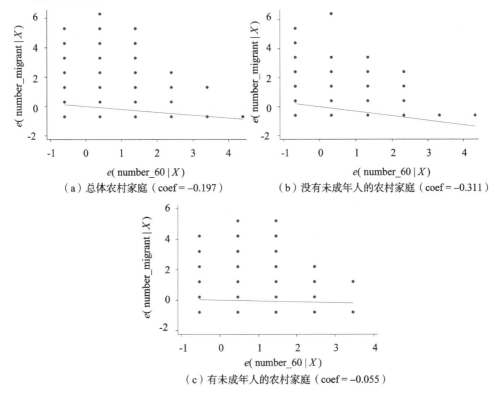

（a）总体农村家庭（coef = –0.197）　　　（b）没有未成年人的农村家庭（coef = –0.311）

（c）有未成年人的农村家庭（coef = –0.055）

图 3 – 3　农村家庭老年人人数与迁移人数的关系

三、老龄化条件下家庭劳动力迁移的影响因素分析

（一）计量模型

由于样本中55.42%的家庭没有劳动力迁移，所以本章节的被解释变量是归并数据（censored variables），使用线性估计方法不能得到一致的估计，因此在回归中使用面板 Tobit 模型。此外，农村家庭劳动力外出决策可以分为拥有不同决定机制的两阶段，第一阶段为参与决策（participation decision），决定是否让家庭成员迁移；第二阶段为数量决策（amount decision），决定迁移的人数。为分别探究老龄化和隔代抚育对两阶段决策的影响，以及检验 Tobit 模型结论的稳健性，还使用了面板 Heckman 两阶段模型对上述被解释变量进行分析。

（二）基本分析

表 3 - 8 报告了基础回归结果，被解释变量为家庭迁移的劳动力人数。估计结果中第 1 ~ 3 列的解释变量是家庭老年人数量和未成年人数量及其交叉项，第 4 ~ 6 列的解释变量为家庭老年人和未成年人的虚拟变量及其交叉项。第 1、4 列使用的是面板 Tobit 模型；第 2、3、5、6 列为面板 Heckman Selection 模型回归结果，其中第一阶段的工具变量为"家庭所在村居是否有较多劳动力流出"的虚拟变量，如果家庭所在村居中有四分之一以上的劳动力流出，则定义为 1，否则为 0。

Tobit 模型的回归结果显示，无论使用家庭老年人数量、未成年人数量还是它们的虚拟变量作为解释变量，估计系数都在 1% 的水平上显著为负，这意味着如不存在隔代抚育机制，养老压力和抚幼负担对我国农村家庭劳动力迁移有显著负效应。此外，老年人变量的估计值高于未成年人变量的估计值，说明养老压力对劳动力迁移的负效应大于抚幼负担。同时，老年人和未成年人变量的交叉项在 1% 的水平上显著为正，意味着老年人为未成年人提供的隔代抚育会显著促进农村劳动力迁移。单独考察老龄化的影响，表 3 - 8 估计结果的第 3 列显示，老年人与未成年人变量交叉项的估计系数高于老年人本身的估计系数的绝对值，意味着如果家中同时有老年人和未成年人，老年人对劳动力迁移的净效应是正的。Heckman 两阶段模型回归结果进一步证实了上述结论，并且还显示隔代抚育对家庭两阶段决策都有显著正效应；其 mills lambda 的估计值都在 1% 的水平上显著，意味着存在样本选择效应，有必要使用选择模型。解释变量的回归结果证实了理论分析的结论：老龄化并非单向影响劳动力迁移。若只考虑老龄化的就业挤出效应，老龄化对农村劳动力迁移有负效应；而如果老年人从事隔代抚育将劳动力从抚幼负担中解放出来，老龄化会促进劳动力迁移。

表3-8　基础回归结果

模型	Panel Tobit Model	Heckman Selection Model 1	Heckman Selection Model 1	Panel Tobit Model	Heckman Selection Model 2	Heckman Selection Model 2
变量	number_migrant	whether_migrant	number_migrant	number_migrant	whether_migrant	number_migrant
number_60	-0.151*** (0.025)	-0.117*** (0.027)	-0.033* (0.020)			
whether_60				-0.252*** (0.043)	-0.220*** (0.047)	-0.032 (0.035)
number_60 * number_16	0.100*** (0.016)	0.113*** (0.017)	0.044*** (0.013)			
whether_60 * whether_16				0.305*** (0.052)	0.401*** (0.057)	0.083* (0.044)
number_16	-0.108*** (0.019)	-0.116*** (0.021)	-0.013 (0.015)			
whether_16				-0.109*** (0.033)	-0.156*** (0.038)	-0.022 (0.026)
number_1659	0.300*** (0.011)	0.231*** (0.012)	0.286*** (0.013)	0.302*** (0.011)	0.231*** (0.012)	0.286*** (0.013)
total_asset	3.65e-07*** (4.78e-08)	1.14e-07** (5.59e-08)	2.68e-07*** (3.46e-08)	3.60e-07*** (4.79e-08)	1.08e-07* (5.60e-08)	2.65e-07*** (3.46e-08)
number_school	0.088*** (0.018)	0.026 (0.021)	-0.027* (0.014)	0.058*** (0.017)	-0.007 (0.019)	-0.019 (0.013)
number_insurance60	0.160*** (0.016)	0.156*** (0.019)	0.095*** (0.012)	0.159*** (0.016)	0.158*** (0.019)	0.095*** (0.012)
number_insurance59	0.302*** (0.018)	0.347*** (0.027)	0.132*** (0.019)	0.300*** (0.018)	0.341*** (0.026)	0.134*** (0.018)

续表

模型	Panel Tobit Model	Heckman Selection Model 1	Heckman Selection Model 1	Panel Tobit Model	Heckman Selection Model 2	Heckman Selection Model 2
number_hospital	-0.014 (0.024)	0.005 (0.028)	-0.039** (0.018)	-0.020 (0.024)	-0.002 (0.028)	-0.037** (0.018)
whether_jizu	0.057** (0.026)	0.055* (0.030)	0.058*** (0.021)	0.059** (0.026)	0.058* (0.030)	0.057*** (0.021)
edu_head	0.167*** (0.012)	0.126*** (0.014)	0.047*** (0.010)	0.171*** (0.012)	0.131*** (0.014)	0.048*** (0.010)
age_head	0.039*** (0.005)	0.032*** (0.005)	0.020*** (0.005)	0.039*** (0.005)	0.033*** (0.005)	0.020*** (0.005)
age_headsq	-0.001*** (5.61e-05)	-7.24e-04*** (5.96e-05)	-3.31e-04*** (6.47e-05)	-0.001*** (5.62e-05)	-0.001*** (5.97e-05)	-3.26e-04*** (6.42e-05)
whether_migrate_region		-0.189*** (0.042)			-0.194*** (0.042)	
年份虚拟变量	显著	显著	显著	显著	显著	显著
省级虚拟变量	显著	显著	显著	显著	显著	显著
常数项	-0.938*** (0.268)	0 (0.000)	0.399* (0.228)	-0.965*** (0.268)	0 (0.000)	0.398* (0.228)
mills lambda		5.527*** (0.239)			5.485*** (0.240)	
样本量	19026	18059	18059	19026	18059	18059

注：***、**、* 分别表示在 1%、5% 和 10% 的水平上显著，括号内为标准误，下同。

控制变量的回归结果基本符合理论预期，家庭总资产、正在上学的人数、有养老保险的人数与劳动力迁移正相关，家中住院的人数与劳动力迁移负相关但不稳健。家庭主要决策者的教育水平和年龄的估计系数显著为正，其年龄平方的估计系数显著为负，意味着随着年龄增长，家庭主事者倾向于支持劳动力迁移，而年长到一定阶段以后会倾向于减少劳动力迁移。衡量家庭孝道水平的变量"是否祭祖扫墓"对劳动力迁移有显著正效应，这或许由于外出就业为家庭带来更多收入从而能够更好地赡养老人。

（三）不同类型未成年人和老年人的影响

为细致考察不同类型的老年人及其隔代抚育情况对劳动力迁移的影响，将老年人按年龄划分为中低龄老年人（60~75岁）和高龄老年人（76岁及以上），按性别分为男性老年人和女性老年人，按自报健康状况分为健康老年人和不健康老年人，分别探究其对劳动力迁移的影响。此外，我们还将未成年人分为学龄前未成年人（0~5岁）和学龄期未成年人（6~15岁），探究不同年龄段的未成年人对农村劳动力外出就业的影响。回归结果如表3-9所示。❶

表3-9　细分未成年人和老年人特征的回归结果

模型	Panel Tobit Model			
变量	number_migrant	number_migrant	number_migrant	number_migrant
number_60	-0.142 *** (0.025)			
number_60 * number_05	0.101 *** (0.026)			
number_05	-0.112 *** (0.024)			
number_60 * number_615	0.099 *** (0.021)			
number_615	-0.102 *** (0.027)			

---

❶ 控制变量和常数项的估计结果与表3-8基本相同，下同。

模型	Panel Tobit Model			
变量	number_migrant	number_migrant	number_migrant	number_migrant
number_6075		−0.029		
		(0.051)		
number_6075 * number_16		0.117 ***		
		(0.017)		
number_76		−0.168 ***		
		(0.028)		
number_76 * number_16		0.017		
		(0.038)		
number_60_ma			−0.268 ***	
			(0.045)	
number_60_ma * number_16			0.073 **	
			(0.029)	
number_60_fe			−0.025	
			(0.044)	
number_60_fe * number_16			0.128 ***	
			(0.031)	
number_60_healthy				−0.144 **
				(0.027)
number_60_healthy * number_16				0.107 ***
				(0.017)
number_60_unhealthy				−0.141 ***
				(0.071)
number_60_unhealthy * number_16				0.060
				(0.042)
number_16		−0.106 ***	−0.106 ***	−0.108 ***
		(0.019)	(0.020)	(0.019)
控制变量和常数项	Yes	Yes	Yes	Yes
年份虚拟变量	显著	显著	显著	显著
省份虚拟变量	显著	显著	显著	显著
样本量	19026	19026	19026	19026

注：Yes 表示该类变量已控制，下同。本表回归中劳动力数量类控制变量为 number_1659，家庭特征类控制变量的具体设置见表 3-7。

表3-9估计结果的第1列显示，学龄前和学龄期未成年人都对劳动力迁移有显著负效应。但学龄前未成年人的估计系数的绝对值大于学龄期未成年人估计系数的绝对值，并且学龄前未成年人与老年人数量交叉项的估计系数大于学龄期未成年人。意味着学龄前未成年人更依赖父母照料，会挤出父母更多的市场劳动时间，老年人为学龄前未成年人提供隔代抚育对劳动力迁移的促进作用更大。

对老年人分年龄的分析结果显示，中低龄老年人对劳动力迁移的负效应并不显著，但其与未成年人的交叉项显著为正，意味着中低龄老年人更倾向于提供隔代抚育、促进劳动力迁移。与之形成对比，高龄老年人的隔代抚育效应不显著，同时会抑制劳动力迁移。对老年人分性别的回归结果显示，男性和女性老年人隔代抚育都对劳动力迁移有显著正效应，但女性老年人和未成年人交叉项的估计系数更大，意味着女性老年人提供了更多隔代抚育。另外，如不考虑隔代抚育，只有男性老年人对劳动力迁移有显著负效应，女性老年人的影响不显著，可能由于女性老年人本身承担了更多的家务劳动（Chang et al, 2011；Liu, 2016）。对老年人分健康水平的分析结果显示，只有自我评价健康的老年人与未成年人的交叉项显著为正，意味着隔代抚育主要由健康老年人提供。综上可见，高龄、男性、健康水平较低的老年人会挤出我国农村劳动力更多的市场劳动时间，对迁移的负效应更大，同时也提供了更少的隔代抚育；中低龄、女性和较为健康的老年人对农村劳动力外出就业的影响更小或不显著，并且提供了更多的隔代抚育。

（四）对不同性别、年龄和教育水平劳动力的影响

为细致探究老龄化和隔代抚育对不同类型农村劳动力迁移影响的异质性，按照年龄、性别和教育水平将被解释变量划分为年轻、年长、男性、女性、高中以上学历和高中以下学历的外出劳动力数量，回归结果如表3-10所示。❶

---

❶ 在对劳动力进行分年龄、性别和教育水平的分析，以及接下来的分区域和阶层的子样本分析中，只展示了以60岁及以上和16岁以下人数及其交叉项作为解释变量的面板Tobit模型回归结果，利用Heckman两阶段模型或基础回归中的其他解释变量进行回归所获结果与表3-10和表3-11基本一致。

表 3 – 10 对劳动力进行分年龄、性别和教育水平的回归结果

模型	Panel FRM Model					
分类	年龄差异		性别差异		教育差异	
变量	年轻劳动力 number_migrant_1640	年长劳动力 number_migrant_4159	男性劳动力 number_migrant_ma	女性劳动力 number_migrant_fe	高中以上学历劳动力 number_migrant_h	高中以下学历劳动力 number_migrant_uh
number_60	-0.068** (0.027)	-0.216*** (0.064)	-0.097*** (0.029)	-0.103*** (0.021)	-0.046 (0.030)	-0.115*** (0.028)
number_60 * number_16	0.048*** (0.017)	0.063 (0.044)	0.044*** (0.014)	0.112*** (0.018)	0.012 (0.020)	0.096*** (0.018)
number_16	0.039* (0.020)	-0.206*** (0.042)	0.007 (0.016)	-0.207*** (0.022)	0.079*** (0.023)	-0.156*** (0.020)
控制变量和常数项	Yes	Yes	Yes	Yes	Yes	Yes
年份虚拟变量	显著	显著	显著	显著	显著	显著
省份虚拟变量	显著	显著	显著	显著	显著	显著
样本量	19026	19026	19026	19026	19026	19026

注: 本表回归中劳动力数量类控制变量从左到右依次为 number_1659_ma、number_1640、number_1659_fe、number_4159、number_1640、number_1659_h、number_1659_uh。

分析结果显示，养老压力对年轻和年长劳动力迁移都有显著负效应，但对年轻劳动力的影响更小；隔代抚育主要促进了年轻劳动力迁移，对年长劳动力影响并不显著，这可能源于拥有未成年子女的劳动力大多为40岁以下的年轻劳动力。相对于年长劳动力而言，年轻劳动力更易于就业、收入相对较高（李超，2013），未成年人数量增加会促使年轻劳动力外出就业以增加家庭收入，所以家庭中未成年人数量对年轻劳动力迁移的估计系数为正。抚幼负担对男性劳动力迁移的影响不显著，养老压力对男性劳动力外出就业的负效应小于对女性劳动力的影响，说明养老、抚幼负担更多由女性劳动力承担，与已有研究结论一致（Mu & Van de Walle，2011；Liu，2014），这也导致隔代抚育对女性劳动力迁移的估计系数大于对男性劳动力的估计系数。由于高中以上学历的农村劳动力在劳动力市场中更具竞争优势，家庭少儿人口数量会促使其外出就业从而提高家庭收入，养老压力对高学历劳动力迁移没有显著影响，老龄化的就业挤出和隔代抚育效应主要作用于高中以下学历的农村劳动力。

（五）对不同区域和阶层家庭的影响

以上回归中，省份虚拟变量的联合显著性和家庭总资产估计系数的显著性都较强，因此将样本划分为东部家庭、中部家庭和西部家庭三个子样本分别分析，进一步探究老龄化和隔代抚育对农村劳动力迁移影响的区域差异。此外还根据2010年、2012年和2014年三期样本中农村家庭总资产的均值的分位数，将家庭划分为低资产、中资产和高资产家庭三类，以此进行子样本回归，考察老龄化和隔代抚育对不同财富阶层家庭影响的差异。回归结果如表3-11所示。

子样本回归结果显示，老龄化、抚幼负担和隔代抚育对我国东、中、西部农村家庭的劳动力迁移都有显著影响，但老年人口估计系数的绝对值自东向西逐渐减小，❶ 意味着养老压力对农村劳动力迁移的负效应自东向西依次减小，这与我国农村劳动力自西向东的迁移方向有关。分阶层的回

---

❶　在分区域和阶层的子样本回归中进行了 Chow 检验，结果表明老龄化和隔代抚育对不同区域和阶层家庭劳动力迁移的影响差异是显著的。

表 3-11 分区域和阶层的回归结果

模型	Panel FRM Model					
	分区域回归			分阶层回归		
样本	东部家庭	中部家庭	西部家庭	低资产家庭	中资产家庭	高资产家庭
变量	number_migrant	number_migrant	number_migrant	number_migrant	number_migrant	number_migrant
number_60	-0.182***	-0.136***	-0.132***	-0.191***	-0.057	-0.048
	(0.043)	(0.043)	(0.044)	(0.063)	(0.043)	(0.037)
number_60 * number_16	0.084***	0.139***	0.084***	0.156***	0.055**	0.059*
	(0.028)	(0.031)	(0.026)	(0.035)	(0.026)	(0.031)
number_16	-0.100***	-0.066*	-0.122***	-0.128***	-0.002	-0.035
	(0.034)	(0.034)	(0.031)	(0.044)	(0.030)	(0.031)
控制变量和常数项	Yes	Yes	Yes	Yes	Yes	Yes
年份虚拟变量	显著	显著	显著	显著	显著	显著
省份虚拟变量	显著	不显著	显著	显著	显著	显著
样本量	4866	6306	7854	6305	6361	6285

注：本表中劳动力数量类控制变量为 number_1659。

归结果显示，隔代抚育机制对各阶层家庭劳动力迁移都有显著正效应，但对底层家庭劳动力迁移的促进作用更大也更为显著。同时，不考虑隔代抚育的话，老龄化对我国农村劳动力迁移的负效应也主要作用于底层家庭，这或许由于底层家庭不健康的老年人更多、需要更多的照料。❶ 这意味着老龄化更不利于底层家庭劳动力转移就业，削弱其提高收入的能力，老龄化可能会通过这一机制加剧我国农村的收入分配差距。

本章基于微观家庭决策视角，通过构建农村劳动力迁移决策模型，理论探究了老龄化对农村劳动力迁移的影响，进而利用中国家庭追踪调查面板数据，实证分析了老龄化和隔代抚育对我国农村劳动力迁移的效应。理论和实证研究结果显示：①老龄化并非单向影响劳动力迁移。若只考虑老龄化的就业挤出效应，老龄化对农村劳动力迁移有负效应；而如果老年人从事隔代抚育将劳动力从抚幼负担中解放出来，老龄化会促进劳动力迁移。②相对于学龄期未成年人而言，学龄前未成年人更依赖父母照料，会挤出父母更多的市场劳动时间，老年人为学龄前未成年人提供隔代抚育对劳动力迁移的促进作用更大；高龄、男性、健康水平较低的老年人会挤出我国劳动力更多的市场劳动时间，对迁移的负效应更大，同时也提供了更少的隔代抚育；中低龄、女性和较为健康的老年人对农村劳动力外出就业的影响更小或不显著，并提供了更多的隔代抚育。③养老压力对年轻劳动力的影响更小，隔代抚育主要促进了年轻劳动力迁移；抚幼负担对男性劳动力迁移的影响不显著，养老压力对男性劳动力外出就业的负效应小于对女性劳动力的影响，说明家庭养老、抚幼负担更多由女性劳动力承担；养老压力对高学历劳动力迁移影响不显著，老龄化的就业挤出和隔代抚育效应主要作用于高中以下学历的农村劳动力。④子样本回归结果显示，养老压力对我国农村劳动力迁移的负效应自东向西依次减小，并且其影响主要作用于资产水平较低的底层家庭。

---

❶ 样本中，低资产、中资产和高资产农村家庭不健康的老年人数平均分别为 0.289、0.169 和 0.098。

第四章　企业视角下人力资本中的年龄因素对企业绩效影响的效应分析

第一节　人力资本投资的阶段性特征研究

一、人力资本投资特征研究回顾

对人力资本投资特征的分析，即将人力资本投资作为内生变量的研究基本可以分为宏观研究以及微观研究两个部分。宏观方面的研究主要考虑的是国家政策、制度等因素对人力资本投资行为的影响，微观方面的研究则是在个人层次或家庭层次研究影响人力资本投资决策的因素。

国内对于人力资本投资特征的研究在 2000 年左右开始逐渐增加。在人力资本投资的宏观研究上，夏杰长、薛文平（1999）认为我国的财政教育投入严重不足且存在结构不合理的现象，促进人力资本投资的重点在于加强财政上的教育投入。王铁成（1998）将影响我国人力资本投资的因素划分为三个层次：宏观的国家层次、中观的企业层次、微观的个人层次。刘善敏、谌新民（2001）通过对中外人力资本投资的比较得出我国教育投入不足、教育结构不合理，户籍制度限制了国内人力资本流动，职业培训不完善等问题导致我国人力资本水平远低于西方国家。秦江萍、闫淑敏、段兴民（2003）认为我国人力资本配置存在失灵，需要完善相应制度、改革个人收入分配制度以促进人力资本投资。赖德胜、田永坡（2004）通过分析社会保障制度对人力资本投资的影响，认为中国为了促进人力资本投资，应该建立覆盖全国城乡的社会保障体系，并着重加速建立完善农村社会保障体系。包玉香、张晓青、李香（2004）分析了政府在人力资本投资中的作用，并认为政府需要在教育、卫生保健、职业培训等多方面改革以促进人力资本投资。田永坡、和川、于月芳（2006）在社会保障制度和劳动力市场分割的视角下，通过对我国"统账结合"的养老保险模式进行分析，研究了社会保障制度对人力资本投资的影响，结果显示增加个人账户在"统账结合"中的比例，能够促使个人增加对人力资本的投资，但是城乡二元劳动力市场的存在降低了这种促进的程度。王彦军、李丽静（2007）认为政府能够调整税收政策、完善劳动力市场等政策措施促进人力资本投资。侯风云、张凤兵（2007）通过对农村人力资本投资的研究指出，我国需要加强政府对农村的基础设施建设投资，以促进农村人力资本投资的增加。李宪印、陈万明（2008）通过对我国东、中、西部的农村面板数据研究，认为政府应该提高公共财政政策对农村特别是中西部贫困地区的教育和医疗保健的支持力度，以减轻农民在教育和医疗方面的经济负担。张盈华、杜跃平（2008）整理综述了关于社会保障和人力资本积累的研究，认为社会保障的目标应该将重点从财务收支平衡转向就业和人力资源管理。刘中文、江盈（2010）基于农村的独特性，探讨了农村中的特殊因素，例如文化、价值观、家族势力等对农村人力资本投资的作用。刘润秋、赵雁名（2011）基于大学生就业难问题提出适度人力资本投资的概念，主张个人、政府、企业适度，短期、长期适度统一，静态、动态统一。胡茂、刘俊（2014）通过对我国劳动力市场进行实证研究发现，行业、户籍、企业性质等制度性因素及劳动者收入、学习经历等主观性因素，是影响人力资本存量及其增量投资的重要变量。陈维涛、王永进、毛劲松（2014）研究了出口技术复杂度对人力资本投资的影响，认为无论在城镇还是农村，提高出口技术复杂度均有利于增加人力资本投资，同时，还能够提高劳动者对人力资本投资回报率的预期，从而促使劳动者增加对子女的教育投入以及长期人力资本投资。王云多（2014）从短期、长期分别研究了人口老龄化对劳动供给以及人力资本投资影响，结果表明短期内老龄化会增加年轻人的人力资本投资机会，并导致劳动力供给减少。严伟涛、盛丹（2014）分析了贸易开放、技术进步对我国劳动者人力资本投资的影响，研究结果表明城市贸易开放度的提高将会减少该城市劳动者的教育投资，而随着技术的进步以及平均企业生产率的提升，劳动者的教育投资将会增加。李坤望、陈维涛（2014）的研究同样得出了类似结论。封永刚、邓宗兵（2015）通过对我国人力资本投资效率的研究，得出技术进步是促进投资效率增长的主要原因。

在人力资本投资的微观研究上，张金鳞（2001）认为个人的人力资本投资边际成本是递增型的，因此，为了促进人力资本投资，需要政府在体制、政策上做出较大的努力。汪洋（2002）认为影响工人人力资本投资决策的一个重要因素是企业的雇佣决定及工作的稳定性。廖泉军、刘丹（2006）分析了影响个人人力资本投资的主观因素（投资收益率、认知能力、投资信心）、客观因素（体制制度、宏观环境），并提出了相应的激励个人人力资本投资的政策建议。

综上，我国对人力资本投资特征的研究主要集中于宏观层面，可以看出2010年之前的研究主要集中在国家财政政策、社会保障政策以及农村人力资本投资研究上，2010年以后则不局限于此，出现了对诸多影响因素的研究，如老龄化、城市贸易开放度、出口技术复杂度等因素。

我国的经济学理论源自西方，人力资本投资理论作为经济学的一个分支理论也是由西方经济学家最先开始研究的。

当代人力资本投资的宏观研究可以认为始于舒尔茨（1961），而人力资本投资的微观研究则始于贝克尔（1962）。在这之后，西方国家经济学家们继续进行了研究。

Hansen Casper Worm（2013）通过数据分析证明了生命预期与人力资本投资之间存在显著关系，预期生命每增加1年，教育年限将增加0.17年。Calero Carla，Bedi Arjun S.，Sparrow Robert（2009）通过研究发现网络汇款、流动性提高能够促进人力资本投资中的教育投资。Kalemli - Ozcan Sebnem（2008）研究了死亡率与教育投资之间的关系，结果并不显著，因此认为存活率的提高不会引起人力资本投资的增长。Robinson AM、Zhang H（2005）假设员工持股能激励员工进行人力资本投资，并通过实证分析证实了自己的假设。Jacobs Bas（2007）将实物期权加入标准人力资本投资模型当中，并认为实物期权能在很大程度上影响人力资本投资。

Grogan Louise（2007）通过对中亚数据的研究发现，是否三代家庭居住在一起对学校教育支出及家庭教育支出具有显著影响。Fouarge Didier 等人（2012）研究了灵活的工作合同对工人人力资本投资的影响，发现灵活签订的合同将会促使工人进行人力资本投资。Eckwert Bernhard，Zilcha Itzhak（2010）研究了信息获取程度对人力资本投资的影响，研究结果表明完善的信息能够提高信息筛选的效率，从而促进总体人力资本的提升，但是抑制了教育资本的形成。Di Falco Salvatore，Bulte Erwin（2015）研究了社会关系对人力资本投资的影响，发现固定化的人际关系将会抑制人力资本投资。

二、数据分析与描述

根据生命周期理论，将劳动力供给周期分为婴幼儿时期、少年时期、青年时期、年轻期、年长期、退休期六个阶段。其中，婴幼儿时期既不上学也不工作，少年时期只上学不工作，两者可称为初次人力资本投资阶段；青年时期为可能上学或工作的阶段；年轻期为只工作不参加正式教育阶段，此阶段多存在追加人力资本投资；年长期工作已经稳定，一般存在后期人力资本投资，但形式、特征与年轻期的追加人力资本投资并不相同；退休后由于尚未有具体统计或调查数据，假设个人在退休后既不进行工作也不进行人力资本投资。因此，可以将整个劳动力供应链条具体划分为六个年龄段。

数据处理的主要难点在于人力资本投资额的估算，参考估算终生收入为基础的人力资本存量估算方法，进一步通过差分得到某一年龄段的人力资本投资额。终生收入法将个人预期生命内的终生收入进行折现，以代表当前的人力资本水平。鉴于我国目前数据可得性较差，通过对美国经济学家 Jorgenson，Fraumeni 首先提出的 J - F 法加以改造使其适应中国情况。J - F 法将人口按年龄、性别、受教育程度划分为不同群体，对不同群体的终生收入折现并加总，从而得到特定时期的人力资本存量。J - F 法将生命周期划分为五个阶段，也相应采取不同的方法计算终生收入。在此，我们结合我国情况将生命周期划分为六个阶段，先计算最后一个阶段的终生收入，之后通过倒推的方法计算其他三个阶段的收入。

第六阶段，退休阶段，既不工作也不学习，因此假定其预期终生收入为0。根据我国当前法律规定，男性为60周岁及以上，女性为55周岁及以上：

$$mi_{y,s,a,e} = 0 \qquad s = 1, a \geqslant 60, \text{ors} = 2, a \geqslant 55 \qquad (4-1)$$

其中，y 代表年份，s 代表性别，a 代表年龄，e 代表教育程度，mi 代表未来的预期终生收入。

第五阶段，此阶段定义为男性 46~59 周岁，女性 46~54 周岁，称为后期人力资本投资阶段：

$$mi_{y,s,a,e} = ni_{y,s,a,e} + sur_{y+1,s+1} \times mi_{y,s,a+1,e} \times \frac{1+G}{1+R} \qquad (4-2)$$

$$s = 1, \ 46 \leqslant a \leqslant 59, \ \text{or} \ \ s = 2, \ 46 \leqslant a \leqslant 54$$

其中，$ni_{y,s,a,e}$ 代表 (y, s, a, e) 当年的收入，sur 为存活率，G 为实际收入增长率，R 为贴现率。

第四阶段，只工作但并不参加正式教育，此阶段定义为 25~45 周岁，称为追加人力资本投资阶段，计算方法同第四阶段。

$$mi_{y,s,a,e} = ni_{y,s,a,e} + sur_{y+1,s+1} \times mi_{y,s,a+1,e} \times \frac{1+G}{1+R} \qquad (4-3)$$

$$25 \leqslant a \leqslant 45$$

第三阶段，青年时期，即不确定是就业还是工作的阶段，定义为 17~24 岁：

$$mi_{y,s,a,e} = ni_{y,s,a,e} + \left[enr_{y+1,s,a+1,e} \times sur_{y+1,s,a+1} \times mi_{y,s,a+1,e+1} + (1 - enr_{y+1,s,a+1,e}) \times sur_{y+1,s,a+1} \times mi_{y,s,a+1,e} \right] \times \frac{1+G}{1+R}, \quad 17 \leqslant a \leqslant 24 \qquad (4-4)$$

其中，enr 为升学率。未上过学的人群由于年龄大于 16 岁，基本可以认为不存在升入小学的可能，即 16~25 周岁教育程度为 1 的人群 $enr = 0$；教育程度最高的人群，其未来不存在教育程度再增加的可能，不存在升学率，即 $enr = 0$。

第二阶段，只学习不工作的阶段，定义为 6~16 周岁，称为初次人力资本投资阶段：

$$mi_{y,s,a,e} = sur_{y+1,s+1} \times mi_{y,s,a+1,e} \times \frac{1+G}{1+R} \qquad (4-5)$$

$$6 \leqslant a \leqslant 16$$

第一阶段，婴幼儿时期，为 0~5 周岁，本研究在计算中不予考虑。

之后，用 $L_{y,s,a,e}$ 代表群体 (y, s, a, e) 的人口数，L 与 mi 的乘积即为 (y, s, e) 的预期未来终生收入，即 (y, s, a, e) 的人力资本存量 $MI_{y,s,a,e}$。希望求得每年各个阶段的人力资本投资额，首先需要计算每年各阶段的人力资本存量，之后进行差分。

综上，在计算人力资本投资额时所需要的数据包括：分性别、年龄、受教育程度的人口数，每年各个群体的收入、存活率、升学率、实际收入增长率、折现率。

（一）估算各个群体的收入

个体未来终生收入的现值代表个人人力资本存量，因此，需要计算分年份、分年龄、分性别的收入，考虑到城乡收入差距，还需要区分城乡。在我国无法直接在统计数据中得到，因此需要估算这些数据。通过 Mincer 收入方程进行计算相应收入：

$$\ln inc = \alpha + \beta \times edu + \gamma \times exp + \delta \times exp^2 + \mu \qquad (4-6)$$

其中，inc 为收入，edu 为各教育水平的受教育年限，exp 代表工作经验年限，μ 为随机误差项。此估算式兼顾了受教育程度及干中学两方面的影响。

CHNS 调查数据中，对教育年限有两个调查，一是接受过几年正规的学校教育，回答选项包括没上过学、1~6 年小学、1~3 年初中、1~3 年高中、1~3 年中等技术学校、1~5 年大学、6 年或以上大学，在使用过程中，将各选项折算为受教育年限，其中，中等技术学校等同于高中，6 年及以上大学均按照 18 年教育年限计算。第二个调查是关于最高教育程度的调查，选项包括小学毕业、初中毕业、高中毕业、中等技术学校或职业学校毕业、大学毕业、研究生毕业，其受教育年限分别为 6、9、12、12、16、18。采用第一种较为准确的方法。

工作经验年限在调查数据中则没有进行调查，使用年龄及教育年限进行估算潜在的工作经验年限。我国《义务教育法》规定年满 6 周岁的儿童应当入学并接受义务教育，故可计算潜在的工作年限等于年龄减去 6 再减去受教育年限。其中，对于未上过学以及教育年限小于 10 的人群，工作经验年限采取年龄减 16 的计算方法，因为劳动法规定年满 16 周岁才可参加工作。

研究时间段为 1990—2012 年共计 23 年，因此需要的收入方程为分年份（1990—2012）、性别（男，女）、城乡（城镇，农村）的收入方程。在估算收入方程系数时，首先使用 OLS 方法分别估算已有调查数据年份的城镇、农村分性别收入方程系数，然后根据估算得到的系数值做时间趋势回归，将拟合结果代表 1990、1992、1994、1995、1996、1998、1999、2001、2002、2003、2005、2007、2009、2012 年份的收入方程参数。估算的数据来源为"中国营养与调查数据"（CHNS）数据，CHNS 调查年份为1989、1991、1993、1997、2000、2004、2006、2009、2011。

使用分组回归命令，分性别、城乡、年份做 OLS 估计。

回归结果显示参数基本是显著的。其中 edu 的参数 β，即教育回报率为正；工作经验参数 γ 为正，即工作经验越多收入越多；工作经验的平方参数 δ 为负，原因在于收入和工作经验的关系并非线性的，甚至可能是倒 U 形的，即在年龄较大时，工作经验年限可能会减少收入。观察以城乡、性别分组的各个参数，发现各年份参数并非简单的线性关系，考虑使用非线性模型对其他年份收入方程参数进行估计：

$$y = \alpha + \beta \times x + \gamma \times x^2 + \mu \qquad (4-7)$$

其中，$x = \ln(\text{WAVE})$，y 为 edu、exp、exp^2、$\_cons$ 的参数估计值，α 为常数项，β、γ 为本模型的参数，μ 为随机误差项。分城乡、性别使 OLS 方法计算参数，并以此估算缺失年份的参数。

最终计算的 edu 系数即教育回报率均值为 2.45%，分城乡、性别、年份的收入方程估算完成后，需要计算分城乡、性别、年份、年龄、受教育程度的收入，按照城乡、性别、年份分组后，将年龄及受教育程度量化并代入相应的收入方程得到 $lninc$ 的拟合值，将此拟合值作为指数即可得到收入 mi。我国劳动法规定年满 16 周岁才可参加劳动，且使用的人力资本存量方法在 0~16 岁区间内不使用直接收入数据，因此仅需要计算收入数据的年龄区间为 17~60（女 55）。在受教育程度的量化中，未上过学、小学、初中、高中、大学及以上分别转化的教育年限为 0、6、9、12、16。对于未上过学及受教育年限小于 10 的人群，潜在工作经验年限直接计算为年龄与 16 的差值。按照我国《义务教育法》规定的 6 岁开始上小学，小学、初中、高中、大学毕业的最小年龄分别为 12、15、18、22，因此 18 岁及以下不考虑高中及以上的教育程度，22 岁及以下不考虑大学及以上的教育程度。

需要注意的是，在此部分中使用的收入数据为平均月收入，最终的年收入数据需要乘 12。因此，计算收入的模型方程为：

$$mi_{y,s,a,e} = e^{\ln inc_{y,s,a,e}} \times 12 \qquad (4-8)$$

$$\ln inc_{y,s,a,e} = \alpha + \beta \times edu_{y,s,a,e} + \gamma \times exp_{y,s,a,e} + \delta \times exp^2_{y,s,a,e} + \mu$$

$$(4-9)$$

将本部分计算得到的收入方程系数对应到各个人群中，共得到 1990—2012 年分性别、城乡、年龄并剔除 18 岁及以下高中及以上教育程度的、22 岁及以下大学及以上教育程度的数据，共得到 18354 条数据。按照 $mi_{y,s,a,e} = e^{\ln inc_{y,s,a,e}} \times 12$ 即可估计出各群体的年收入，此数据不包括 18 岁及以下不考虑高中及以上的教育程度，22 岁及以下不考虑大学及以上的教育程度。

（二）分城乡、年龄、性别、受教育程度的人口数

取得 1990—2012 年分年龄、性别、受教育程度的人口数，其中，1990年、2000 年、2010 年数据可在全国第四、第五、第六次人口普查数据中得到，1995 年、2005 年数据由全国人口 1% 抽样调查数据中得到，剩余年份数据则通过时间趋势回归拟合。最终的结果为分年龄（6~60，6~55）、性别（男，女）、城乡（城市，农村）、受教育程度（未上过学，小学，初中，高中，专科及以上）、年份（1990—2012）的共计 24150 条数据，并将此数据整理为一份面板数据。

（三）实际收入增长率和折现率

实际收入增长率根据国家统计局网站公布的 1990—2012 年城镇单位就业人员平均实际工资指数、农村家庭平均每人纯收入及农村居民消费价格指数进行计算。计算方法为居民实际收入增长率等于平均实际工资指数减去 100，其中农村平均实际工资指数通过农村家庭平均每人纯收入及农村

居民消费价格指数计算。

计算结果如下，1990—2012 年城镇居民实际收入增长率均值为 9.87%，农村居民实际收入增长率均值为 7.05%。

某一时期的人力资本存量是通过加总不同群体的终生收入现值得到，这里需要用到贴现率。使用 1997—2012 年三年期凭证式国债利率计算得到平均票面利率为 5.17%，根据居民消费价格指数计算得出 1997—2012 年平均通货膨胀率为 1.91%，故实际折现率为 3.26%。

（四）人力资本存量估算

通过式（4-1）~式（4-5）计算各个群体未来终生收入的现值。

在计算 17~24 岁人群的未来终生收入的现值时，由于在此阶段不能确定是否继续接受教育，因此使用升学率进行区分。其中，教育程度为未上过学的，由于年龄区间在 17~24，不考虑接受小学程度教育的可能，因此升学率为 0；教育程度为大专及以上的，由于是研究中的最高等级教育程度，不存在更高一级的教育程度，因此升学率亦为 0。基于同样的原因，对于教育程度为未上过学、大专及以上的，$mi_{y,s,a+1,e+1} = mi_{y,s,a+1,e}$。最终的结果是，17~24 岁未上过学、大专及以上教育程度的人群未来终生收入现值的估算方法同 25 岁及以上人口的估算方法一致。

首先分城乡、性别计算各年份各阶段年龄组的人力资本存量总额：

$$MI_{t,y,s} = \sum_{a,e} num_{y,s,e,a} \times mi_{y,s,e,a} \qquad (4-10)$$

其中，$MI_{t,y,s}$ 为 y 年 t 阶段性别为 s 的人群人力资本存量总额，t 的分组为 17~24、25~45、46~60（55）。最终的计算结果如表 4-1、表 4-2 所示。将各组人力资本存量按时间做差分可得到 1990—2011 年每个年龄组每年的人力资本投资额。

表 4-1 1990—2012 年城镇各阶段人力资本存量（千亿元）

年份	男					女				
	6~16	17~24	25~45	46~60	合计	6~16	17~24	25~45	46~55	合计
1990	168.9	72.2	67.0	4.5	312.7	68.1	41.4	35.4	1.3	146.2
1991	163.5	70.4	68.6	4.5	307.1	73.4	39.7	36.4	1.3	150.8

续表

年份	男					女				
	6~16	17~24	25~45	46~60	合计	6~16	17~24	25~45	46~55	合计
1992	206.9	86.9	89.9	5.8	389.5	107.2	51.3	48.6	1.8	208.9
1993	209.1	83.1	97.7	6.2	396.1	125.4	53.6	54.4	2.0	235.4
1994	249.1	99.6	116.6	7.3	472.7	167.2	63.8	66.9	2.4	300.3
1995	304.2	116.4	144.2	8.8	573.5	207.8	71.1	78.3	2.9	359.9
1996	342.1	141.6	168.3	10.6	662.5	239.1	91.7	95.4	3.6	429.8
1997	513.0	228.2	278.2	18.1	1037.4	368.0	156.6	155.0	6.0	685.6
1998	498.9	233.8	255.4	16.2	1004.3	313.3	147.7	139.0	5.4	605.5
1999	600.3	296.7	311.7	19.8	1228.5	360.4	186.3	167.2	6.6	720.4
2000	830.5	429.6	425.6	25.9	1711.6	507.3	286.9	250.4	9.7	1054.4
2001	938.4	463.8	474.5	33.3	1910.0	525.8	288.5	252.7	10.9	1077.9
2002	1210.0	572.6	588.0	44.4	2415.1	666.1	356.8	317.3	14.4	1354.7
2003	1544.4	703.3	723.7	57.9	3029.3	838.9	439.5	393.1	18.5	1690.1
2004	1980.8	873.7	899.1	74.5	3828.1	1307.0	668.1	539.1	25.5	2539.7
2005	2468.4	1057.0	1086.9	95.3	4707.6	1307.7	660.7	594.3	29.6	2592.4
2006	2862.5	1354.2	1241.6	109.7	5568.1	1265.5	696.6	603.5	31.1	2596.7
2007	2961.9	1563.1	1389.9	120.8	6035.6	1561.4	941.8	741.6	36.7	3281.5
2008	3271.8	1920.8	1584.9	136.9	6914.4	1690.9	1124.1	829.1	41.1	3685.2
2009	3238.0	2129.3	1637.1	142.3	7146.7	1478.7	1087.3	772.7	37.6	3376.3
2010	3811.6	2819.3	2025.0	173.5	8829.5	1943.7	1594.5	1034.8	51.2	4624.2
2011	3769.0	3149.6	2143.7	184.0	9246.3	1973.1	1814.0	1116.4	55.7	4959.2
2012	4325.2	4116.0	2607.7	221.4	11270.3	2161.6	2246.6	1294.4	64.2	5766.8

表4-2　1990—2012年农村各阶段人力资本存量（千亿元）

年份	男					女				
	6~16	17~24	25~45	46~60	合计	6~16	17~24	25~45	46~55	合计
1990	142.1	83.7	81.1	7.4	314.3	90.9	54.8	44.6	2.2	192.4
1991	143.8	79.1	81.6	7.4	311.8	94.6	50.9	43.7	2.2	191.4
1992	198.0	100.4	111.9	10.0	420.4	134.2	64.8	61.1	3.0	263.1
1993	184.3	87.6	119.7	11.5	403.2	143.8	62.1	63.3	3.1	272.4
1994	269.7	116.1	149.6	13.2	548.6	198.2	76.5	83.5	4.1	362.4

续表

年份	男					女				
	6~16	17~24	25~45	46~60	合计	6~16	17~24	25~45	46~55	合计
1995	341.2	133.8	184.6	16.0	675.6	240.3	82.6	97.4	4.8	425.1
1996	363.3	140.2	196.4	17.7	717.5	263.6	91.1	108.7	5.5	468.8
1997	583.2	221.5	317.4	29.1	1151.1	391.7	138.7	180.0	9.7	720.1
1998	459.9	170.6	245.1	23.4	899.1	310.7	109.5	134.0	7.4	561.6
1999	518.5	188.7	274.7	26.9	1008.7	337.2	120.3	149.0	8.5	615.0
2000	764.6	270.3	379.8	37.9	1452.5	418.2	152.3	197.8	10.9	779.3
2001	686.9	243.6	347.6	37.8	1315.9	422.3	155.0	190.3	12.1	779.7
2002	812.6	286.0	393.0	45.8	1537.3	491.1	182.5	218.8	14.7	907.1
2003	956.9	334.3	442.6	55.0	1788.8	572.1	215.0	250.9	17.8	1055.8
2004	1143.8	395.0	463.1	60.4	2062.3	731.7	275.6	293.3	21.8	1322.5
2005	1332.8	460.7	565.7	79.9	2439.1	775.1	297.9	330.1	25.6	1428.7
2006	1381.8	516.3	584.0	83.6	2565.7	917.7	379.1	357.4	28.5	1682.6
2007	1446.3	593.6	647.5	89.3	2776.8	844.6	385.8	372.7	29.3	1632.5
2008	1500.3	682.7	696.3	94.9	2974.2	862.0	439.0	393.4	31.3	1725.7
2009	1346.3	694.2	681.8	90.1	2812.5	757.8	437.6	353.0	28.8	1577.1
2010	1483.5	884.5	783.7	104.3	3255.9	846.7	568.5	432.6	35.7	1883.5
2011	1282.0	913.2	785.2	103.8	3084.2	671.7	542.3	413.6	34.5	1662.1
2012	1281.1	1145.7	874.6	113.5	3414.9	716.8	728.7	461.6	40.2	1947.3

（五）人力资本投资的统计分析

从图4-1、图4-2中可以看出，城镇人力资本存量明显高于农村人力资本存量；无论城镇还是农村均以6~16岁人群人力资本存量最高，这是由于采用未来终生收入现值代表人力资本存量的方法产生的。1990—2012年期间，城镇人力资本存量增长了36倍，各阶段分别增长了26、55、37、48倍；农村人力资本存量增长了10倍，各年龄组人力资本存量分别增长了8、13、10、15倍，城镇增速明显高于农村增速。

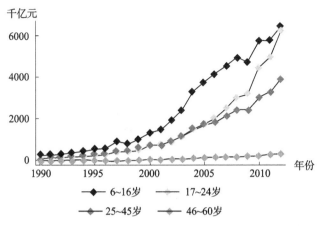

图 4 - 1 城镇分年龄组人力资本存量

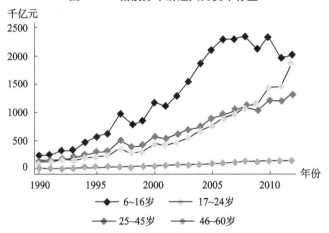

图 4 - 2 农村分年龄组人力资本存量

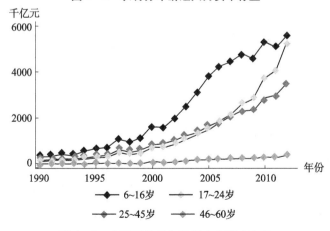

图 4 - 3 全国男性分年龄组人力资本存量

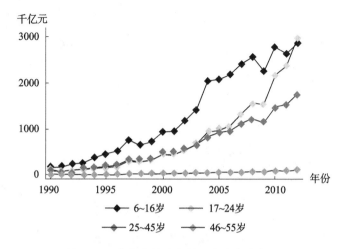

图4-4 全国女性分年龄组人力资本存量

从全国来看，如图4-3、图4-4所示，在各个年龄组男性人力资本存量均高于女性人力资本存量。1990—2012年期间，全国男性人力资本存量增长22倍，各阶段分别增长了17、32、22、37倍，女性人力资本存量增长22倍，各阶段分别增长17、30、21、29倍，两者增速基本保持一致。

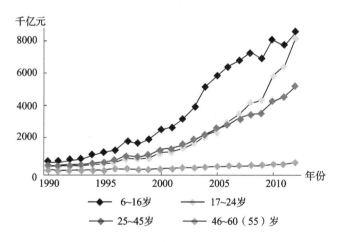

图4-5 全国分年龄组人力资本存量

从全国来看，1990—2012年人力资本存量总额增长22倍，其中6~16岁、17~24岁、25~45岁、46~60（55）分别增长了17、32、27、22倍。可以看出，6~16岁群体人力资本存量所占比重最大，但增速低于全国平均速度；46~60（55）岁群体增速与全国总量增速持平；17~24岁及25~

45 岁群体增长速度均高于全国总量增速，其中，17 ~ 24 岁群体增长速度最快。综上可以看出我国人力资本存量增长的基本趋势为：城镇增速高于农村增速；男女性增速基本一致；17 ~ 24 岁青年群体人力资本存量增速最快，6 ~ 16 岁群体人力资本存量增速最慢。从而能够简单看出我国促进人力资本投资的两个主要方向，即促进农村人力资本投资以及 6 ~ 16 岁群体的人力资本投资。

从以上各图可以发现，存在某年人力资本存量高于下一年的情况，产生这一现象的原因可能在于使用 CHNS 调查数据计算分性别、年龄、受教育程度的人群收入过程中样本数据过少，导致最终结果与实际情况存在偏差。另一可能的原因在于分性别、年龄、受教育程度人口数的统计上，例如 1990 年、1995 年、2000 年、2005 年、2010 年人口普查及抽样调查中，农村男性受教育程度为高中的人口数并非每年都是增长的。但总体来看，人力资本存量的增长曲线具有一定的代表性。

三、人力资本投资特征的模型分析

（一）变量选择

研究老龄化背景下人力资本投资的特征，内生变量为人力资本投资额。将人力资本投资按照年龄分成了 6 个阶段，取其中 4 个阶段进行研究，包括初次人力资本投资阶段、青年时期人力资本投资阶段、追加人力资本投资阶段、后期人力资本投资阶段，年龄段分别为 6 ~ 16 岁、17 ~ 24 岁、25 ~ 45 岁、46 ~ 60（55）岁。人力资本投资额以各群体预期未来终生收入现值的差分代表。

投资是为了获取收益，影响投资行为的首要因素必然是回报率。人力资本投资行为同样如此，因此人力资本投资的回报率是影响人力资本投资行为的因素之一。使用前文估算分年龄、性别、受教育程度的人群收入中收入方程的 edu 系数，即教育回报率代表人力资本投资回报率。

研究的主要背景即老龄化程度，因此，老龄化程度作为一个外生变量需要纳入模型当中。老龄化程度可以在两方面对个人人力资本投资决策产生影响，一方面通过预期寿命影响对未来的预期收入从而影响人力资本投资决策；另一方面，老龄化程度高意味着赡养老人压力的增加，进而迫使个人根据现实情况调整投资决策。老龄化程度的量化一般分为两种，一是以老年人口占总人口的比重代表老龄化程度；二是使用老年人口抚养比表示老龄化程度。本研究使用老年人口抚养比计算。老年人抚养比数据来源于国家统计局网站。

类似于老龄化程度通过家庭因素影响人力资本投资决策，少儿抚养比也可对人力资本投资产生影响。少儿抚养比的多少影响着父母对子女的投入，进而影响父母对自身的人力资本投资，同时，也影响着子女的人力资本投资。

人力资本投资额数据为全国总量，其变化受到人口数变动的影响，故在此将人口自然增长率作为一个外生变量考虑。人口自然增长率数据取自国家统计局网站。

综上，采取四个外生变量：教育回报率、老年抚养比、少儿抚养比及人口自然增长率。

（二）模型构建

使用1990—2011年共计22年连续年份的数据进行分析，因此将使用时间序列模型。研究四个阶段的人力资本投资额受老年抚养比、少儿抚养比、教育回报率、人口自然增长率的影响，同时发现四个阶段人力资本投资额的相互关系，考虑使用包含外生变量的 VAR 模型。拟建立 VAR 模型如下：

$$\ln s2 = a_1 + b_1 \times L2.\ln s2 + c_1 \times L2.\ln s3 + d_1 \times L2.\ln s4 + e_1 \times L2.\ln s5 +$$
$$f_1 \times odr + g_1 \times edr + h_1 \times hur + i_1 \times cdr + \mu_1 \qquad (4-11)$$

$$\ln s3 = a_2 + b_2 \times L2.\ln s2 + c_2 \times L2.\ln s3 + d_2 \times L2.\ln s4 + e_2 \times L2.\ln s5 +$$
$$f_2 \times odr + g_2 \times edr + h_2 \times hur + i_2 \times cdr + \mu_2 \qquad (4-12)$$

$$\ln s4 = a_3 + b_3 \times L2.\ln s2 + c_3 \times L2.\ln s3 + d_3 \times L2.\ln s4 + e_3 \times L2.\ln s5 +$$
$$f_3 \times odr + g_3 \times edr + h_3 \times hur + i_3 \times cdr + \mu_3 \qquad (4-13)$$

$$\ln s5 = a_4 + b_4 \times L2.\ln s2 + c_4 \times L2.\ln s3 + d_4 \times L2.\ln s4 + e_4 \times L2.\ln s5 +$$
$$f_4 \times odr + g_4 \times edr + h_4 \times hur + i_4 \times cdr + \mu_4 \qquad (4-14)$$

其中，μ 为服从正态分布的残差项，b，c，d，e，f，g，h，i 为各参数的系数，a 为常数项。$\ln s2$、$\ln s3$、$\ln s4$、$\ln s5$ 分别为初次人力资本投资、

青年时期人力资本投资、追加人力资本投资、后期人力资本投资的对数值，$L2.\ln s2$、$L2.\ln s3$、$L2.\ln s4$、$L2.\ln s5$ 分别为其对数值。odr、edr、hur、cdr 分别为老年抚养比、教育回报率、人口自然增长率、少儿抚养比。

（三）模型分析

1. 初次人力资本投资分析

根据前文中包含外生变量的 VAR 模型，$\ln s2$ 的方程估算结果为：

$\ln s2 = 0.0009 \times L2.\ln s2 - 0.041 \times L2.\ln s3 - 0.277 \times L2.\ln s4 + 0.802 \times L2.\ln s5 + 1.211 \times odr - 0.005 \times edr - 0.093 \times hur + 0.191 \times cdr - 12.559$

其中，$L2.\ln s5$ 在 5% 置信水平下对 $\ln s2$ 具有显著正影响，odr 在 10% 置信水平下对 $\ln s2$ 具有显著正效应，即影响第二阶段人力资本投资的主要因素是第五阶段人力资本投资额的滞后两期值以及老年抚养比。

第五阶段 46～60（55）岁人群的滞后两期值对第二阶段 6～16 岁人群具有显著正影响，意味着第五阶段人力资本投资额的增加能促进第二阶段人力资本投资额的增加，但这一作用存在滞后性，研究的结果给出的滞后期为二期滞后，第五阶段人力资本投资额每增加一个单位能促使第二阶段人力资本投资额在 2 年后增加 0.8 个单位。对此效应的一个可能解释是，由于第五阶段人群多为年长人群，对自身进行人力资本投资多属于健康投资，在其投资见效并有能力及精力对后代特别是第三代人群进行人力资本投资，从而促使第二阶段人力资本投资额增加。

老年抚养比同样对第二阶段人力资本投资额具有显著正影响，即老龄化程度的增加对第二阶段的初次人力资本投资具有积极效应。

2. 青年时期人力资本投资分析

根据前文中所构建的包含外生变量的 VAR 模型，$\ln s3$ 的方程估算结果为：

$\ln s3 = 1.394 \times L2.\ln s2 - 0.306 \times L2.\ln s3 - 1.534 \times L2.\ln s4 + 0.57 \times L2.\ln s5 + 2.746 \times odr + 0.179 \times edr + 0.181 \times hur + 0.258 \times cdr - 35.312$

其中，$L2.\ln s2$ 对 $\ln s3$ 在 1% 置信水平下具有正效应，$L2.\ln s4$ 对 $\ln s3$ 在 5% 置信水平下存在负效应，odr、cdr 分别在 1%、5% 置信水平下对 $\ln s3$ 具有正效应。即影响青年时期人力资本投资的主要因素有初期人力资本投资的二阶滞后、追加人力资本投资的二阶滞后、老年赡养比、儿童抚养比。

第二阶段青年时期的人力资本投资是一个比较复杂的阶段，界定年龄为 17～24 岁，在此阶段无法确定是接受教育还是进行工作，因此存在受前后两个阶段人力资本投资额影响的可能。研究结果显示，初次人力资本投资对青年时期人力资本投资存在积极效应，而追加人力资本投资对青年时期人力资本投资则是一个负效应。初次人力资本投资每增加 1 个单位将在 2 年后拉升 1.4 个单位的青年时期人力资本投资，追加人力资本投资每增加一个单位则会在 2 年后降低 1.5 个单位的青年时期人力资本投资。对此现象可能的解释是，由第二阶段进入第三阶段的人群中继续接受教育的部分人群，会存在人力资本投资的惯性，而这种惯性将在第三阶段中积累，当积累 2 年后开始对第三阶段的人力资本投资额产生显著影响。同时，追加人力资本投资对青年时期人力资本投资存在挤出效应。可能的原因在于同一个家庭当中的总可支配收入是有限的，而青年时期的人力资本投资多在于高等教育这一支出较高的投资上。增加某一家庭当中处于追加人力资本投资阶段的人力资本投资额必然会减少家庭中处于青年期的成员的人力资本投资额。

老年抚养比、儿童抚养比对第三阶段的青年期人力资本投资具有正面效应，即老龄化程度增加会促进青年时期人力资本投资增加，劳动力儿童抚养负担同样对青年时期人力资本投资具有积极效应。

3. 追加人力资本投资分析

根据前文中所构建的包含外生变量的 VAR 模型，lns4 的方程估算结果为：

$$\ln s4 = 0.49 \times L2.\ln s2 + 0.418 \times L2.\ln s3 - 0.975 \times L2.\ln s4 + 0.385 \times L2.\ln s5 + 1.938 \times odr + 0.419 \times edr + 0.03 \times hur + 0.324 \times cdr - 27.79$$

其中，odr 对 $\ln s4$ 在 1% 置信水平下具有显著正影响，cdr 在 5% 置信水平下对 $\ln s4$ 存在显著正影响。

通过与第二、第三阶段比较系数显著水平发现，各阶段的人力资本投资额对追加人力资本投资阶段的影响均不显著，对此现象可以考虑使用人力资本投资的家庭决策解释。第四阶段的人群年龄为 25～45 岁，具有自主行为能力且组建新家庭，在新家庭决策中处于决策主导地位，因此其人力资本投资行为受其他阶段人力资本投资行为的影响较少。

与第三阶段相同,老年抚养比、儿童抚养比对第四阶段的追加人力资本投资具有正面效应,即老龄化程度增加会促进追加人力资本投资增加,劳动力儿童抚养负担的增加同样对追加人力资本投资具有积极效应。

4. 后期人力资本投资分析

根据前文中所构建的包含外生变量的 VAR 模型,lns5 的方程估算结果为:

$$lns5 = 0.244 \times L2.\,lns2 + 0.315 \times L2.\,lns3 - 0.55 \times L2.\,lns4 + 0.214 \times L2.\,lns5 + 0.759 \times odr - 0.08 \times edr - 0.389 \times hur + 0.166 \times cdr - 8.011$$

其中,hur 对 lns4 在 10% 置信水平下具有显著正影响,cdr 在 10% 置信水平下对 lns4 存在显著正影响。hur、cdr 的 p 值分别为 9%、7.7%。

类似于第四阶段,其他各阶段的人力资本投资额对此阶段的后期人力资本投资的影响均不显著。产生这一现象的原因同样可以认为是家庭人力资本投资决策造成的,第五阶段人群的年龄段为 45~60(55)岁,类似于第四阶段人群是家庭中的决策主体,因此其人力资本投资行为较少受其他阶段的影响。

同时,在此阶段的模型中发现,老年抚养比对人力资本投资额并没有显著影响;而人口自然增长率、儿童抚养比则对后期人力资本投资具有显著的正影响,虽然其置信水平是在较为宽松的 10% 水平上。

(四)模型检验

使用单位根检验对模型的平稳性进行检验,检验结果如图 4-6 所示。

可以在图中看到,单位圆囊括了所有的单位根,因此,使用的此 VAR 模型是平稳的。进行 2 滞后阶数的显著性检验,根据检验结果,使用 2 阶滞后做 VAR 模型整体在 5% 水平下显著。

本部分以初次人力资本投资、青年时期人力资本投资、追加人力资本投资、后期人力资本投资额的对数值为内生变量,以老年抚养比、儿童抚养比、教育回报率、人口自然增长率为外生变量,构建了包含外生变量的二阶滞后 VAR 模型,并对模型的平稳性、滞后阶数的显著性及残差是否服从正态分布进行了检验。检验结果表明所构建的模型具有较好的拟合性。

Eigenvalue stability condition

Eigenvalue		Modulus
0.4551796 +	0. 7123095i	0.845324
0.4551796 −	0. 7123095i	0.845324
−0.4551796 +	0. 7123095i	0.845324
−0.4551796 −	0. 7123095i	0.845324
−0.5191856		0.519186
0.5191856		0.519186
3.42le−17+	0.3502078i	0.350208
3.42le−17−	0.3502078i	0.350208

All the eigenvalues lie inside the unit circle.
VAR satisfies stability condition.

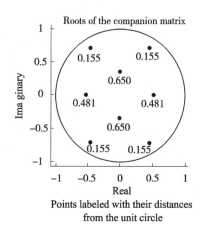

图 4 −6　单位根检验

从模型的回归结果来看，各个阶段人力资本投资之间存在一定的相关关系，具体来说，后期人力资本投资的二期滞后在5%置信水平下对初次人力资本投资具有积极影响，初次人力资本投资的二期滞后对青年时期人力资本投资在1%置信水平下具有正效应，追加人力资本投资的二期滞后对青年时期人力资本投资在5%置信水平下存在负效应，追加人力资本投资、后期人力资本投资则受其他阶段影响较小。通过分析各阶段人力资本投资额之间的关系，可以为制定相应的促进人力资本投资的政策提供依据。

老年抚养比对初次人力资本投资、青年时期人力资本投资、追加人力资本投资均具有显著正效应，虽然对后期人力资本投资的影响不显著，但其效应同样为正。因此，老龄化程度增加并不会导致任何阶段人力资本投资额的减少，相反，对各阶段的人力资本投资均具有积极效应。其中，老年抚养比对初次人力资本投资、青年时期人力资本投资、追加人力资本投资的影响系数分别为1.211、2.746、1.938，老年抚养比每增加1%，初次人力资本投资、青年时期人力资本投资、追加人力资本投资将分别增加$e^{1.211}$、$e^{2.746}$、$e^{1.918}$单位。可以看出，老龄化程度增加对青年时期人力资本投资的促进效应最大，对追加人力资本投资的促进效应次之，对初次人力资本投资的促进效应最小，对后期人力资本投资的促进效应则不显著。

第二节 年长员工对企业绩效的影响研究

一、研究回顾

随着中国老龄化趋势纵深发展以及渐进式延迟退休提到政策日程，扩大年长员工的雇用比例将成为未来企业人力资源管理的重要策略。雇用更多的年长员工是否意味着更高的投入和更低的产出？不同年龄段员工对企业绩效的影响有何差异？为此，本研究关注年长员工对企业绩效的影响作用。

年龄是影响个体行为绩效的重要因素，生理上的衰老会引起基本认知能力与运动知觉能力的减退而影响工作绩效[1][2]。个体生产率（individual productivity）受年龄影响的结论基本是一致的，即年龄和个体生产率之间呈倒 U 形关系，大多数研究表明 30～50 岁之间的员工生产率最高（这一年龄段往往被称为黄金年龄段 prime‑age），而年轻员工（30 岁以下）和年长员工（50 岁以上）生产率则较低[3]。

然而，关于年长员工和企业生产率之间关系的研究结论则是不确定的。理论文献中，一方面有研究认为年长员工会带给企业更高的生产率。比如，明瑟（1989）认为年长员工有更多的工作经验和专门诀窍，这会对组织绩效产生重要贡献[4]。还有一种更大的可能是，他们已经被安排在组织中最适合他们的位置[5]。而且，他们更有可能正确地将自己的职业偏好与雇主的需要匹配[6]。Autor（2003）认为年长员工绩效会随时代发展有所

---

[1] Susan R. Rhodes, "Age‑related Differences in Work Attitudes and Behavior: A Review and Conceptual Analysis", *Psychological Bulletin*, 1983, 93 (2), pp. 328‑367.

[2] 刘莹、廖建桥：《员工年龄对工作绩效的影响探析》，《外国经济与管理》2006 年第 5 期。

[3] 李海明：《人口老化的经济分析：近期研究文献述评》，《经济评论》2010 年第 1 期。

[4] Jacob Mincer, "Human Capital and the Labor Market", *Educational Researcher*, 1989 (18): pp. 27‑34.

[5] Jovanovic, Boyan, "Job Matching and the Theory of Turnover", *Journal of Political Economy*, 1979 (87), pp. 972‑990.

[6] Johnson, W. R., "A Theory of Job Shopping". *The Quarterly Journal of Economics*, 1978 (92), pp. 261‑277.

提升，原因在于时代变迁劳动力市场上对劳动力不同类型能力的需求也出现变化。比如，在过去的 10 年间，美国劳动力市场上对交互技能（interactive skills）的需求日益增长，超过了对问题解决能力和算术能力的需求，而个体交互能力随年龄变化较小，问题解决能力和算术能力则是随年龄而下降的[1]。实际上，群体具有与个体不同的特点，劳动者之间具有知识溢出和学习效应，不同年龄的劳动者之间存在竞争效应，同时也存在互补效应，因此，已有关于员工年龄对劳动生产率影响的研究，群体研究视角与个体研究视角得出的结论有差异。

另一方面，也有研究表明拥有更多的年长员工会给企业带来更多的消极影响。其中最常被引用的一个观点是认为员工的健康会随着年龄增长而不如以往，因此疾病、旷工、无故缺席也会随之增多。此外，认知能力会随着年龄而降低。这可能导致年长员工较低的生产率水平，除非他们的工作经验和专业知识可以弥补他们下降的认知能力[2]。再次，年长员工可能较不情愿投资于培训，因为他们已临近退休并且不能像他们年轻时那样很好地学习新技能。这是企业中常见的有关年长员工的刻板印象。考虑到年长员工在企业中工作时间所剩不多，企业从在职培训中得到的收益也有限，雇主更不情愿对年长员工的培训进行投资[3]。

实证方面，年长员工对企业生产率影响的研究仍然有限。Hellerstein 和 Neumark（1995，1999）是将生产率和劳动力成本相结合进行研究的早期研究者之一[4][5]。他们将劳动力质量指数（labour – quality index）引入生

---

[1] Autor. D. H. , F. Levy and R. J. Murnane, "The Skill Content of Recent Technological Change: An Empirical Exploration", *The Quarterly Journal of Economics*, 2003 (118), pp. 1279 – 1333.

[2] Grund, C. and N. Westergaard – Nielsen, "Age Structure of the Workforce and Firm Performance", *International Journal of Manpower*, 2008 (29), pp. 410 – 422.

[3] Florian Kunze; Stephan Boehm and Heike Bruch, "Organizational Performance Consequences of Age Diversity: Inspecting the Role of Diversity – Friendly HR Policies and Top Managers' Negative Age Stereotypes", *Journal of Management Studies*, 2013 (50), pp. 413 – 442.

[4] Hellerstein, J. K. , Neumark, D. , "Are Earning Profiles Steeper than Productivity Profiles: Evidence from Israeli Firm – level Data". *Journal of Human Resources*, 1995 (30), pp. 89 – 112.

[5] Hellerstein, J. K. , Neumar, D. , Troske, K. , "Wages, Productivity, and Worker Characteristics: Evidence from Plant – level Production Functions and Wage Equations", *Journal of Labour Economics*, 1999 (17), pp. 409 – 446.

产函数，借助劳动力质量指数对异质性劳动力投入进行衡量，对生产函数（或劳动力成本函数）进行评估，其核心在于认为不同类别分组的员工（如性别分组、年龄分组）有不同的边际产出。运用美国雇主—雇员匹配数据得出相对于 35 岁以下年龄组员工，35 ~ 54 岁员工相对生产率为 1.12，55 岁及以上年长员工相对生产率为 0.79；相对工资分别为 1.21 和 1.12。相对工资曲线比相对生产率曲线更为陡峭[1]。Grund 和 Westergaard – Nielsen（2008）利用丹麦企业数据研究发现员工的平均年龄和年龄离差与企业生产率呈倒 U 形关系。其中，员工平均年龄为 37 岁，标准离差为 9.5 年时（也就是 95% 的员工年龄在 18 ~ 56 岁之间），企业的平均生产率达到峰值[2]。

运用横截面数据的研究大多表明员工年龄和企业生产率之间呈倒 U 形，然而转向运用面板数据的研究，结果却是混杂的。Bernhard Mahlberg（2013）运用奥地利雇主—雇员匹配数据研究得出生产率并不负向相关于年长员工比例，也并没有发现对年长员工过高支付现象[3]。相反，Lallemand 和 Rycx（2009）运用比利时企业层面面板数据得出结论，年长员工（年龄 >49）比黄金时期员工会产生更低的生产率，特别在 ICT（信息通信技术）企业中[4]。在比利时，Cataldi 等（2011）发现年长员工对生产率—成本差距具有负向影响作用[5]。

近几年越来越多学者运用面板数据控制年龄结构的内生性来进行研究，指出年龄和生产率关系在不同的评估方法下非常敏感，控制未观察到的时变的企业异质性和内生性会带来高年龄段更平缓的年龄—生产率曲

---

[1] Hellerstein, J., Neumark, D., "Production Function and Wage Equation Estimation with Heterogeneous Labor: Evidence from a New Matched Employer – Employee Data Set". *NBER Working Paper Series – National Bureau of Economic Research*, 2004（10325）.

[2] Grund, Ch., Westergaard – Nielsen, N., "Age structure of the Workforce and Firm Performance", *International Journal of Manpower*, 2008（29）, pp. 410 – 422.

[3] B Mahlberg, I Freund, A Fürnkranz – Prskawetz, "Ageing, Productivity and Wages in Austria: Sector Level Evidence", *Empirica*, 2013（40）, pp. 561 – 584.

[4] Lallemand, T., Rycx, F., "Are Older Workers Harmful for Firm Productivity?", *De Economist*, 2009（157）, pp. 273 – 292.

[5] Cataldi, A., Kampelmann, S., Rycx, F., "Productivity – Wage Gaps Among Age Groups: Does the ICT Environment Matter?", *De Economist*, 2011（159）, pp. 193 – 221.

线。Malmberg 等（2008）对瑞典矿业和制造业 1985—1996 年数据的研究指出，不考虑固定的企业层面的影响因素，结论支持中等年龄员工比例对劳动生产率起正向作用，年轻和年长员工比例对劳动生产率均起负向作用，这与早期大多数研究是一致的；但加入固定的企业层面的影响因素（如企业规模、企业年龄）后，结论则表明除了中等年龄员工比例对劳动生产率起正向作用外，年长员工比例对劳动生产率的影响亦为正，只有年轻员工对劳动生产率的影响作用为负，这一点在大型企业里尤为明显。同时，研究也表明员工平均年龄增长伴随着劳动生产率的增长，证实了霍恩达尔现象的存在，拥有较多年长员工的企业生产率低不是因为员工变老降低了企业生产率，而是因为年长员工较多集中于成立较久的企业，而这类企业（生产技能并没有得到完全更新）本身存在技术落后、设备落后情况，生产率低于新成立的企业。即便因为劳动力年龄效率提高了，老的工厂的生产率仍然比新成立的现代化的工厂低[1]。所以外部企业数据均表明老龄化与劳动生产率呈负向关系，但企业内部数据比较则表明老龄化与劳动生产率呈正向关系[2]。相似的结果 Aubert 和 Crépon（2007）亦得到，通过普通 OLS 回归可以得出年龄和生产率负相关关系，但是，当采用工具变量控制劳动力年龄结构的内生性和固定效应时，负向关系就变为正向关系[3]。

总体来看，目前国外大多数研究主要基于欧美国家雇主—雇员匹配数据，运用企业的价值增值或产出来衡量生产率，运用员工平均年龄或各年龄组员工占比作为劳动力年龄结构的指标，来分析员工年龄结构对企业生产率的影响和作用机理，以发现不同年龄段员工对企业绩效的影响作用。反观国内，学者亦开始关注年龄因素对生产率的影响。学者张晓青（2009）利用山东省 140 个县域数据研究人口年龄结构对区域经济增长影

---

[1] Malmberg, B., Lindh, T., Halvarsson, M., "Productivity Consequences of Workforce Ageing: Stagnation or Horndal Effect?", *Population and Development Review*, 2008. (34), pp. 238 – 256.

[2] Ana Rute Cardoso; Paulo Guimarães; José Varejão, "Are Older Workers Worthy of Their Pay? An Empirical Investigation of Age – Productivity and Age – Wage Nexuses", De Economist, 2011 (159), pp. 95 – 111.

[3] Aubert, P., Crépon, B., "Are Older Workers Less Productive. Firm – level Evidence on Age – Roductivity and Age – Wage Profiles", Mimeo, French Version Published in Economie et Statistique, 2007.

响时涉及人口年龄结构与劳动生产率关系，其结论发现 15～29 岁年龄组对经济增长的贡献最为显著，间接证明 15～29 岁组的生产率最高❶；学者刘传江、黄伊星（2015）基于 Lindh 和 Malmberg 的引入年龄结构因子的经济增长模型，分析人口年龄结构对我国工业经济增长的贡献度，结果表明生产率随年龄呈现临近两端异常下沉的倒 U 形，在这个形态中，年轻劳动者没有显著的正向经济贡献，而中壮年劳动者具有对工业经济增长最大的贡献率，中壮年劳动力比例较高很可能促进了中西部地区的工业增长率❷；徐升艳、周密（2013）将年龄结构因子加入生产函数中研究并比较了中国东、中、西部地区不同年龄劳动者的生产率，并认为 60～64 岁组人口的生产率高于年轻组，高年龄组劳动力存在开发潜力❸。然而具体到企业微观层次员工年龄结构的影响研究仍未开展。

综上所述，运用面板数据同时处理生产率和员工队伍年龄结构的研究越来越重要。不同方法下另一个重要的区别是这些研究仅研究生产率，还是同时研究劳动力成本。关注到劳动力需求的经济学家通过评估个人对雇主的贡献和成本的差异来研究其可雇佣性，也就是说不同年龄员工如何影响企业净收益，我们尝试从这一角度分析中国企业年长员工的劳动效能。另外，不同行业背景下年长员工对企业绩效的影响亦值得关注。不同行业类型有着不同的工作类别，对任职者身体条件、工作技能等有着不同的要求，不同年龄段员工绩效的作用发挥亦存在一定的差异，目前较多研究主要采用制造业企业数据，对服务业、高新技术类行业企业研究较少，本研究样本数据涉及不同行业可对此进行探索性研究。

采用中国上市公司数据库数据，研究不同行业、不同类型企业的劳动生产率、劳动力成本和净收益对年龄结构的敏感性，以期发现中国企业劳动力队伍中年长员工的劳动效能，为老龄化背景下企业优化人力资源年龄

---

❶　张晓青：《人口年龄结构对区域经济增长的影响研究》，《中国人口·资源与环境》2009年第 5 期。

❷　刘传江、黄伊星：《从业人口年龄结构对中国工业经济增长的贡献度研究》，《中国人口科学》2015 年第 2 期。

❸　徐升艳、周密：《东中西地区城市不同年龄组劳动生产率的比较研究》，《上海经济研究》2013 年第 3 期。

结构，合理配置劳动力资源提供依据。

二、模型与方法

（一）异质性劳动力投入下的劳动生产率、劳动力成本和净收益

采用柯布—道格拉斯生产函数[1][2]对年龄—生产率之间的关系进行衡量：

$$\ln(Y_{it}/L_{it}) = \ln A + \alpha \ln QL_{it} + \beta \ln K_{it} - \ln L_{it} \qquad (4-15)$$

其中，Y_{it}/L_{it}是企业i在时间t内平均每个劳动力带来的价值增值，即平均劳动生产率（average productivity）；QL_{it}是不同年龄组员工的集合，反映劳动力的异质性，即劳动力质量指数；K_{it}是企业投入的资本。

令L_{ikt}表示企业i在时间t内，k年龄组员工的数量，μ_{ik}表示不同年龄组员工的生产率。假设不同年龄组员工有不同的边际产出（marginal products），那么不同年龄组的员工可由不同的边际产出代替。劳动力总体水平由不同年龄组员工的不同水平构成。每一年龄组员工被看成是劳动力总体质量的一种投入，劳动力总体质量可以具体表述为：

$$QL_{it} = \sum_k \mu_{ik} L_{ikt} = \mu_{i0} L_{it} + \sum_{k>0} (\mu_{ik} - \mu_{i0}) L_{ikt} \qquad (4-16)$$

其中，$L_{it} \equiv \sum_k L_{ikt}$是企业员工总数，$\mu_{i0}$是参照年龄组（如黄金时期的年龄组）员工的边际生产率，μ_{ik}是其他年龄组员工的边际生产率。

进一步假设每一个企业员工的边际产量是相同的，可以把边际生产率系数的下标i省掉。取对数并调整公式（4-16），可得：

$$\ln QL_{it} = \ln \mu_0 + \ln L_{it} + \ln\left(1 + \sum_{k>0} (\lambda_k - 1) P_{ikt}\right) \qquad (4-17)$$

其中，$\lambda_k \equiv \mu_k/\mu_0$是$k$年龄组员工相对生产率，$P_{ikt} \equiv L_{ikt}/L_{it}$是企业$i$内$k$年龄组员工占员工总数的比例。

---

[1] Hellerstein, J. K., Neumar, D., Troske, K., "Wages, Productivity, and Worker Characteristics: Evidence from Plant – level Production Functions and Wage Equations". *Journal of Labour Economics*, 1999 (17), pp. 409 – 446.

[2] V. Vandenberghe. "Are Firms Willing to Employ a Greying and Feminizing Workforce?". *Labour Economics*, 2013 (22), pp. 30 – 46.

既然 $\ln(1 + x) \approx x$，公式（4-17）可以约为：

$$\ln QL_{it} = \ln\mu_0 + \ln L_{it} + \sum_{k>0}(\lambda_k - 1)P_{ikt} \qquad (4-18)$$

那么，生产函数变为：

$$\ln(Y_{it}/L_{it}) = \ln A + \alpha[\ln\mu_0 + \ln L_{it} + \sum_{k>0}(\lambda_k - 1)P_{ikt}] + \beta\ln K_{it} - \ln L_{it}$$
$$(4-19)$$

相应地，如果 $k = 0, 1, \cdots, N$，$k = 0$ 是参照组（比如黄金年龄组）

$$\ln(Y_{it}/L_{it}) = B + (\alpha - 1)l_{it} + \eta_1 P_{i1t} + \cdots + \eta_N P_{iNt} + \beta k_{it} \quad (4-20)$$

其中，$B = \ln A + \alpha\ln\mu_0$；$\lambda_k = \mu_k/\mu_0(k = 1, \cdots, N)$；$\eta_1 = \alpha(\lambda_1 - 1)$；$\cdots$；$\eta_N = \alpha(\lambda_N - 1)$；$l_{it} = \ln L_{it}$；$k_{it} = \ln K_{it}$。

因此，公式（4-20）中 P 的系数可以直接解释为企业内某组员工占比每变化1%所带来的企业平均劳动生产率的比例变化。k 组员工相对边际生产率（λ_k）等于系数 η_k 除以 α，再加上1。

相同的方法可以被用于企业平均劳动力成本。平均劳动成本的对数为：

$$\ln(W_{it}/L_{it}) = B^w + \eta_1^w P_{i1t} + \cdots + \eta_N^w P_{iNt} \qquad (4-21)$$

这样，核心假设就可以简单以公式描述出来。假设在地区劳动力市场上，成本最优的企业，其非零假设是 k 年龄组员工对利润没有影响，也就是 $\eta_k = \eta_k^w$。而这两个系数之差（负差或正差）则代表企业雇用不同类别员工的意愿（负向的或正向的），其值是对这一意愿大小和正负的衡量。将企业员工划分为三个年龄组（$1 = [18-29]$；$2 = [30-49]$；$3 = [50-64]$），黄金年龄组 $[30-49]$ 是参照组，可以得出：

$$\ln(Y_{it}/L_{it}) = B + (\alpha - 1)l_{it} + \eta_1 P_{it}^{18-29} + \eta_3 P_{it}^{50-64} + \beta k_{it} + \gamma F_{it} + \varepsilon_{it}$$
$$(4-22)$$

$$\ln(W_{it}/L_{it}) = B^W + (\alpha^W - 1)l_{it} + \eta_1^W P_{it}^{18-29} + \eta_3^W P_{it}^{50-64} + \beta^W k_{it} + \gamma^W F_{it} + \varepsilon_{it}^W$$
$$(4-23)$$

求平均生产率和劳动力成本的对数的差值，可以得出净收益的公式。

$$Profits_{it} \equiv \ln(Y_{it}/L_{it}) - \ln(W_{it}/L_{it}) = \ln(Y_{it}/W_{it})$$
$$= \ln[1 + (Y_{it} - W_{it})/W_{it}] \approx (Y_{it} - W_{it})/W_{it}$$

$$= B^P + (\alpha^P - 1)l_{it} + \eta_1^P P_{it}^{18-29} + \eta_3^P P_{it}^{50-64} + \beta^P k_{it} + \gamma^P F_{it} + \varepsilon_{it}^P$$

$$(4-24)$$

其中，$B^P = B - B^W$；$\alpha^P = \alpha - \alpha^W$，$\eta_1^P = \eta_1 - \eta_1^W$；$\eta_3^P = \eta_3 - \eta_3^W$；$\beta^P = \beta - \beta^W$；$\gamma^P = \gamma - \gamma^W$；$\varepsilon_{it}^P = \varepsilon_{it} - \varepsilon_{it}^W$。

系数 η^P 代表不同年龄组员工比例的变化对企业净收益的影响。公式中 F_{it} 是控制变量。

（二）内生性分析

内生性问题，即回归检验中自变量和回归残差的协方差不为 0，也即回归模型中的遗漏变量与解释变量相关导致参数估计值的偏误影响因果推断[1]。根据经典的计量经济分析，其可能的表现形式主要有三种：遗漏变量（omitted variable）、测量误差（measurement Error）以及互为因果（simultaneous causality）。考虑到研究对象，我们重点分析遗漏变量和互为因果两种可能的内生性问题。

未被观察到但影响平均劳动生产率的企业层面的特征，即样本的异质性，比如资本利用情况、人力资本存量、企业的管理水平、地区的相对优势等，这些可能与企业劳动力的年龄结构相关，引起 OLS 结果的偏差。比如较早成立的企业可能会聚集更多的年长员工，同时年代较久远的企业也更可能仍然保留较陈旧的技术，而导致生产率较低。基于企业层面面板数据，可以采用固定效应模型处理未被观察的异质性。

最大计量难题是处理联立性偏差。联立性问题，其本质就是解释变量连带地由因变量决定，也即双向因果关系。短期内，企业要面对生产率偏差。比如，预期的业绩下滑会导致招募冻结、提前解聘或提前退休。停止招聘会显著地减少年轻劳动者的人数，因此在业绩不佳的时期，会转化为增加年长员工比例，导致年长员工比例与生产率之间呈负相关关系，因此，采用 OLS 估计将导致对年长员工生产率的过低估计。相反，如果企业采取提前退休的方式，将会导致年长员工占比减少，因此可以预期年长员

---

[1] 陈云松，范晓光：《社会资本的劳动力市场效应估算——关于内生性问题的文献回溯和研究策略》，《社会学研究》2011 年第 1 期。

工占比与企业生产率之间的关系是正相关的，采用 OLS 估计会带来对年长员工生产率的过高估计。应对联立性偏差的出现，运用"内部"工具变量，这一方法的实质是运用内生的劳动投入滞后值作为工具变量❶。

三、数据来源、变量说明与描述性统计

（一）样本选择与数据来源

选取 2009—2014 年持续经营的中国深圳证券交易所主板、中小板和创业板的上市公司作为研究样本❷，选取 6 年数据组成面板数据，有利于纵向观测上市公司成长过程中年长员工对企业绩效的影响作用。为了尽可能消除异常样本对研究结论的影响，对数据采用如下处理过程：①剔除考察期内所需研究数据无法获得或未披露的企业；②剔除上市期间因合规性问题受到证监会、证券交易所等监管机构处分过的上市企业；③剔除考察年度内经营数据出现异常值的企业；④剔除金融、保险业、娱乐、旅游行业领域上市公司。最终共得到 484 家上市公司作为研究样本，其分布情况见表 4 – 3。

表 4 – 3　样本企业分布情况

板块分布		规模分布（按 2014 年企业总人数）		企业年龄分布（截至 2014 年）	
主板	21	500 以下	76	5 年及以下	3
中小板	234	500 ~ 1000	118	6 ~ 10 年	94
创业板	229	1000 ~ 2000	150	11 ~ 20 年	341
		2000 ~ 5000	107	21 ~ 30 年	44
		5000 ~ 10000	24	31 年及以上	2
		10000 以上	9	均值（年）	14.08

---

❶　van Ours, J. C., Stoeldraijer, L., "Age, Wage and Productivity in Dutch Manufacturing". *De Economist*, 2011（159），pp. 113 – 137.

❷　注释：年龄信息披露主要集中在深市三板上市公司中，故仅选择了深市三板上市公司作为研究样本。

行业分布		行业特征分布		制造业	
制造业	364	创新型	112	劳动密集型	71
非制造业	120	常规型	372	资本密集型	86
其中：服务业	86			技术密集型	207
其他	34			合计	364

在获取的样本数据中，企业员工年龄段分组数据根据 RESSET（锐思）金融研究数据库中"员工构成信息"数据手工收集所得，并结合巨潮资讯网披露的上市公司年报对数据进行核查和补充。企业绩效、员工薪酬和其他变量原始数据均来自国泰安 CSMAR 数据库，使用统计软件STATA12.0 以及 SPSS16.0 对数据进行处理分析。

（二）变量说明（见表 4 –4）

（1）被解释变量。根据现有文献的一般做法，企业劳动生产率（average productivity）的衡量主要包括三种方法。第一，利用生产函数估计全要素生产率；第二，以企业的人均价值增值来衡量[1]；第三，以企业人均产出的自然对数衡量。考虑到上市公司财务数据特点，采用营业总收入与员工总数比值的对数来衡量。企业劳动成本（average labor cost）采用应付职工薪酬（本期增加额）与员工总数比值的对数来衡量；企业净收益为劳动生产率与劳动成本的差值。

（2）解释变量。各年龄段员工数占比。根据上市公司年报披露的数据，本样本中企业员工年龄分组为 30 岁以下，30 ~ 50 岁，50 岁以上。年龄 30 岁以下员工是较健康、流动性较强并更容易激励的个体；中年 30 ~ 50 岁员工可能要承担更大的家庭责任、更有经验、承担更重要的管理责任。而 50 岁以上的员工，对自己更加了解，自己的能力和工作偏好有更好的匹配，更难以激励和学习，正在经历健康的衰减。以 30 ~ 50 岁年龄组为比较组，30 岁以下年龄组人数占比和 50 岁以上年龄组人数占比为解释变

---

[1] 汤二子、刘海洋：《中国出口企业的"生产率悖论"与"生产率陷阱"——基于 2008 年中国制造业企业数据实证分析》，《国际贸易问题》2011 年第 9 期。

量，观测年长组员工占比变化和年轻组员工占比变化对企业绩效的影响。

（3）控制变量。

1）企业特征变量。①企业规模。企业规模可能与员工年龄结构和企业绩效都有关系，沿用前人研究的方法，采用资产总额的对数值衡量企业规模；②企业年龄。企业成立时间越长，经过人力资源实践的演变并趋于稳定化，企业越有可能雇用更多年长员工，因而有更多样化的员工队伍；③企业财务指标。总资产增长率，衡量公司的成长能力；资产负债率，衡量公司的偿债能力；总资产净利润率（ROA），衡量企业的赢利能力。

2）人员特征变量。①人员规模。人力资源数量大的企业更有可能采取复杂的人力资源管理实践，本研究采用员工人数的对数值予以衡量；②本科及以上学历人数占比，衡量企业人力资源整体素质水平。

3）年度虚拟变量。

（4）工具变量。采用劳动投入滞后值，即上一年度 30 岁以下人员占比、上一年度 50 岁以上人员占比作为工具变量。

表 4−4　被解释变量、解释变量和控制变量的定义与计算方式

变量	变量代码	变量定义和计算公式
30 岁以下员工占比	P^{18-30}	30 岁以下员工数/总人数
50 岁以上员工占比	P^{50-64}	50 岁以上员工数/总人数
劳动生产率	Productivity	营业总收入与员工总数之比，取自然对数
劳动成本	Cost	应付职工薪酬（本期增加额）与员工总数之比，取自然对数
净收益	Profit	劳动生产率−劳动成本
企业规模	Total_asset	资产总额，取自然对数
企业年龄	Age	企业成立年限
总资产增长率	TAGR	（资产总计本期期末值−资产总计本期期初值）/（资产总计本期期初值）
资产负债率	DR	负债合计/资产总计
总资产净利润率	ROA	净利润/总资产余额
企业人数	Total_employee	人员总数，取自然对数
本科及以上人数占比	UN	本科及以上人员总数/总人数

续表

变量	变量代码	变量定义和计算公式
年度虚拟变量	YEAR	Year1 = 2009；Year2 = 2010； Year3 = 2011；Year4 = 2012； Year5 = 2013；Year6 = 2014
上一年度 30 岁以下人员占比	PP^{18-30}	上一年度 30 岁以下员工数/总人数
上一年度 50 岁以上人员占比	PP^{50-64}	上一年度 50 岁以上员工数/总人数

四、实证结果与分析

(一) 描述性统计

表 4 - 5 列示出主要变量各年度的均值和标准差。总体来看，30 ~ 50 岁员工占比及 50 岁以上员工占比自 2010 年逐年递增，而 30 岁以下员工占比出现下降，这与当前我国人口比例变化基本保持一致。根据这一趋势不难预测企业中年长员工占比将会呈现逐年上升态势。样本企业 2009—2014 年各年龄组员工占比的变化情况如图 4 -7 所示。

表 4 -5　各主要变量的描述性统计分析

年份		2009	2010	2011	2012	2013	2014
N		132	308	403	363	378	375
30 岁以下员工占比	均值	0.505	0.518	0.507	0.483	0.468	0.452
	标准差	0.202	0.190	0.173	0.164	0.157	0.154
30 ~ 50 岁员工占比	均值	0.449	0.437	0.448	0.466	0.476	0.488
	标准差	0.175	0.166	0.153	0.141	0.131	0.126
50 岁以上员工占比	均值	0.046	0.045	0.045	0.051	0.056	0.061
	标准差	0.047	0.053	0.044	0.046	0.050	0.055
劳动生产率	均值	13.34	13.41	13.49	13.44	13.49	13.55
	标准差	0.823	0.795	0.794	0.735	0.734	0.713
劳动成本	均值	10.81	10.93	11.10	11.29	11.32	11.42
	标准差	0.630	0.499	0.469	0.433	0.433	0.430
净收益	均值	2.53	2.49	2.40	2.24	2.17	2.13
	标准差	0.696	0.706	0.727	0.675	0.666	0.643

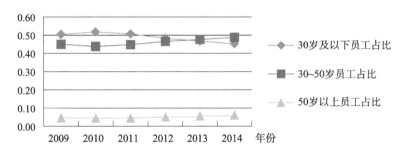

图4-7　三个年龄组员工占比趋势图

（二）回归结果分析

采用普通最小二乘法（OLS）、面板数据固定效应模型（FE）、面板工具变量模型（FE-IV-2SLS）分别对样本进行回归分析，结果如表4-6所示。

表4-6　各模型回归分析

模型变量	OLS	FE	FE-IV-2SLS
N	1868	1868	1458
Group	—	484	481
Productivity			
30岁以下占比	-0.58*** （-7.30）	-0.15（-1.26）	-0.73* （-1.92）
50岁以上占比	-1.65*** （-5.73）	-0.61** （-2.29）	-1.00* （-1.7）
F/Wald chi2（12）	197.55（0.0000）	71.39（0.0000）	1.04e+07（0.0000）
R^2	0.6587	0.6138	0.5772
Cost			
30岁以下占比	-0.19*** （-2.95）	0.09（0.71）	0.57* （1.82）
50岁以上占比	-0.35（-1.40）	-0.20（-0.47）	1.19（1.23）
F/Wald chi2（12）	155.42（0.0000）	106.42（0.0000）	1.01e+07（0.0000）
R^2	0.5457	0.7121	0.6761
Profit			
30岁以下占比	-0.39*** （-4.11）	-0.24* （-1.92）	-1.3** （-2.53）
50岁以上占比	-1.30*** （-3.80）	-0.41* （-1.06）	-2.19* （-1.75）
F/Wald chi2（12）	86.02（0.0000）	36.88（0.0000）	241377.87（0.0000）
R^2	0.4687	0.3904	0.2975
控制变量	企业规模、企业年龄、企业人数、本科及以上人数占比、总资产增长率、总资产净利润率、资产负债率、年度虚拟变量		

注：***、**、*分别代表1%、5%、10%的显著性水平；括号内的值，OLS、FE模型为 t（z）值，FE-IV-2SLS 为 z 值。

为了避免可能存在的异方差问题，借鉴大多数学者的做法，所有的回归分析的估计结果均经过异方差稳健标准误调整。

普通最小二乘回归（OLS）结果表明，年长员工占比与企业劳动生产率成反比，年长员工占比每增加1个单位，会导致劳动生产率下降大约1.65%；年长员工占比对企业劳动成本的影响未达到显著水平；另外，年长员工占比对劳动生产率和劳动成本差值的影响是负的，会带来净收益的下降。与30岁以下年轻员工组相比，年长组员工会带来更低的劳动生产率和净收益。

固定效应面板数据模型估计结果如表中FE列所示。与OLS相比，FE方法有助于克服与个体有关且不随时间变化的遗漏变量导致的内生性问题。通过对比OLS与FE回归结果发现，年长员工占比对劳动生产率影响的系数出现明显减小。年长员工占比每增加1个单位，会导致劳动生产率下降大约0.61%，成本下降0.2%（未达到显著性水平），因此会带来净收益大约0.41%的下降幅度。结合中国企业实际，面对预期的业绩下滑，中国大多数企业的做法是采取提前退休的方式，将会导致年长员工占比减少，因此采用OLS估计会带来对年长员工生产率的过高估计。

针对模型存在的联立性偏差引入工具变量，有效的工具变量应该满足与内生解释变量相关，而与扰动项不相关。常见的工具变量，包括引入工具变量和采用解释变量的滞后值。本研究中"员工的工龄工资"是比较理想的工具变量，但至今未有上市公司披露这一数据；考虑到数据的可获得性，采用滞后期工具变量策略，以年长员工占比和年轻员工占比的滞后一期值作为当期值的工具变量。经检验发现，滞后期的工具变量与当期值有较强的相关性，而当期年龄占比对前一期的年龄变量则没有影响，因此工具变量选择符合要求。采用面板工具变量法（FE－IV－2SLS）结果表明，年长员工占比每增加1个单位，会导致劳动生产率下降大约1%，成本上升1.19%（未达到显著性水平），因此会带来净收益大约2.19%的下降幅度。

年长员工占比对劳动成本的影响方面，OLS、FE模型显示年长员工占比与企业劳动成本之间成反比，FE－IV－2SLS模型下成正比，但不同的模型下均没有达到显著性水平，由此我们可以得出，年长员工占比并不会对企业劳动成本带来实质性影响，由年资因素所带来的工资的增长，在中国上市公司企业薪酬体系中并不明显。

（三）分组回归结果

考察不同类型行业间年长员工占比对劳动生产率、劳动成本以及净收益的影响区别，进一步分析企业中年长员工占比对生产效率的影响特征。

1. 制造业与非制造业

对制造业企业样本进行回归表明，年长员工占比每增加1个单位，会导致劳动生产率下降大约1.64%，成本上升1.38%，因此会带来净收益大约3.02%的下降幅度。对非制造业企业样本进行回归则可以看出，年长员工占比与生产率成正比，年长员工占比每增加1个单位，会带来劳动生产率大约0.16%的上升，但对生产成本与净收益的影响均未达到显著性水平。Chow检验结果表明制造业组与非制造业组年长员工占比对生产率的影响存在显著性差异。与制造业相比，非制造业中年长员工会带来更积极的影响（见表4-7）。

表4-7　制造业和非制造业分组回归

模型变量	FE - IV - 2SLS					
	Productivity		Cost		profit	
分组	制造业	非制造业	制造业	非制造业	制造业	非制造业
N Group	1087 362	378 119	1087 362	378 119	1087 362	378 119
30岁以下占比	-0.46* (-1.71)	-1.44 (-0.73)	0.52* (1.82)	1.01 (0.71)	-0.99** (-2.01)	-2.45 (-1.08)
50岁以上占比	-1.64* (-1.90)	0.16* (0.07)	1.38* (1.69)	0.77 (0.45)	-3.02** (-2.04)	-0.61 (-0.22)
控制变量	企业规模、企业年龄、企业人数、本科及以上人数占比、总资产增长率、总资产净利润率、资产负债率、年度虚拟变量					
$F/Wald$ chi2 (12)	9.06e+06 (0.0000)	1.99e+06 (0.0000)	7.14e+06 (0.0000)	2.71e+06 (0.0000)	214585.49 (0.0000)	38668.89 (0.0000)
R^2	0.6286	0.5085	0.6927	0.5812	0.3357	0.2093
Chow检验 （5%水平）	显著		—		—	

注：***、**、*分别代表1%、5%、10%的显著性水平，括号内为z值。

2. 劳动密集型、资本密集型、技术密集型

借鉴阳立高等（2014）制造业结构分类的方法[1]，将制造业样本企业归入劳动、资本与技术密集型三大类制造业。由回归结果可以看出，年长员工占比每增加 1 个单位，会导致劳动密集型企业劳动生产率下降大约 1.77%，30 岁以下年轻员工占比每增加 1 个单位，会导致劳动成本上升大约 1.47%，其余各值均未达到显著性水平（见表 4 - 8）。

表 4 - 8　劳动密集型、资本密集型和技术密集型分组回归

模型变量	FE - IV - 2SLS								
	Productivity			Cost			Profit		
分组	劳动密集型	资本密集型	技术密集型	劳动密集型	资本密集型	技术密集型	劳动密集型	资本密集型	技术密集型
N	202	272	616	202	272	616	202	272	616
Group	71	86	206	71	86	206	71	86	206
30 岁以下占比	0.65	-0.70	-0.52	1.47 **	1.59	-0.13	-0.83	-2.29	-0.39
	(0.86)	(-0.25)	(-0.59)	(2.02)	(0.42)	(-0.16)	(-1.02)	(-1.39)	(-0.46)
50 岁以上占比	-1.77 *	-22.19	-1.76	-0.81	-26.91	1.98	-0.96	4.72	-3.73
	(-1.85)	(-0.45)	(-0.60)	(-0.86)	(-0.42)	(0.75)	(-0.93)	(0.17)	(-1.32)
控制变量	企业规模、企业年龄、企业人数、本科及以上人数占比、总资产增长率、总资产净利润率、资产负债率、年度虚拟变量								
F/Wald	2.01e+06	298885.57	4.56e+06	1.44e+06	115498.70	4.06e+06	52514.09	31022.34	122874.26
chi2 (12)	0.0000	0.0000	0.0000	0.0000	0.0000	0.0000	0.0000	0.0000	0.0000
R^2	0.6381	0.0000	0.6449	0.7311	0.0000	0.7084	0.4704	0.0000	0.3523

注：***、**、*分别代表 1%、5%、10%的显著性水平，括号内为 z 值。

3. 创新型和常规型

企业的核心业务特征是更具有创新性还是更偏重于常规型，并没有明确和一致的衡量方法。根据现有文献，制造业根据郭克莎[2]（2005）划分技术密集型产业的口径，将高技术密集度产业界定为"创新型"，其他定为"常规型"。服务业则将从事科学研究和实验发展活动、专业技术服务

---

[1] 阳立高、谢锐、贺正楚、韩峰、孙玉磊：《劳动力成本上升对制造业结构升级的影响研究——基于中国制造业细分行业数据的实证分析》，《中国软科学》2014 年第 12 期。

[2] 郭克莎：《我国技术密集型产业发展的趋势、作用和战略》，《产业经济研究》2005 年第 5 期。

和科学交流活动、专门从事网络化信息服务和信息技术服务的企业界定为"创新型"，其他定为"常规型"。

创新型企业样本回归结果表明，年长员工占比每增加1个单位，劳动生产率上升1.85%，但未达到显著性水平，劳动成本显著上升达7.97%。常规型企业，年长员工占比每增加1个单位，劳动生产率下降0.57%，亦未达到显著性水平。反观30岁以下年轻组占比对劳动生产率的影响，创新型企业出现4.23%的下降；对劳动成本的影响，常规型企业出现1%的上升；年轻组员工占比与常规型企业和创新型企业净收益均成反比，30岁以下员工占比每增加1个单位，常规型企业净收益下降1.05%，创新型企业净收益下降3.69%（见表4-9）。

表4-9 常规型和创新型分组回归

模型变量	FE - IV - 2SLS					
	Productivity		Cost		Profit	
分组	创新型	常规型	创新型	常规型	创新型	常规型
N	335	1103	335	1103	335	1103
Group	111	370	111	370	111	370
30岁以下占比	-4.23*	-0.05	-0.54	1.00**	-3.69*	-1.05*
	(-1.75)	(-0.09)	(-0.35)	(2.21)	(-1.70)	(-1.83)
50岁以上占比	1.85	-0.57	7.97**	0.73	-6.12	-1.30
	(0.29)	(-0.43)	(1.96)	(0.62)	(-1.07)	(-0.88)
控制变量	企业规模、企业年龄、企业人数、本科及以上人数占比、总资产增长率、总资产净利润率、资产负债率、年度虚拟变量					
F	1.21e+06	8.27e+06	2.19e+06	7.12e+06	29745.46	198711.57
	0.0000	0.0000	0.0000	0.0000	0.0000	0.0000
R^2	0.3173	0.5680	0.6564	0.6519	0.0097	0.3010

注：***、**、*分别代表1%、5%、10%的显著性水平，括号内为z值。

本节利用中国深市上市公司企业数据，采用不同模型对数据内生性问题进行修正后回归分析，探讨年长员工对企业绩效的影响作用，结果表明：第一，整体来看中国企业人力资源队伍中，年长员工对企业的劳动生产率、劳动成本及企业净收益均存在负面影响作用。这主要是因为目前50岁以上员工均出生于20世纪60年代，所受教育水平依然有限，加上早期我国普遍实行的提前退休制度，导致年长员工过早贬值、生产效能普遍不高。第二，基于行业属性分组比较可以发现，与制造业相比，非制造业中年长员工会带来更积极的影响，这主要是因为大多数非制造业对体能要求相对较低，年长员工的智力资源有更好的发展空间，某些非制造业招工形式灵活甚至录用了大量提前退休的年长员工，这种做法反而提升人力资源的整体效能。第三，制造业分组比较结果表明，劳动密集型企业中年长员工对劳动生产率的负向影响、年轻员工对劳动生产率的正向影响作用较为显著。这可以看出以体力劳动为主的工作情境中年轻员工比年长员工更有优势，对劳动生产率的促进作用更为显著。第四，基于企业核心业务的创新性属性进行分组比较结果表明，与常规型企业相比，创新型企业中年长员工带来的成本上升较为显著，对劳动生产率的促进作用并不明显。

通过以上分析可以看出，在我国年长员工并没有给企业绩效带来太多的积极影响，这与近几年大多数西方学者利用面板数据得出的结论存在差异，这在一定程度上说明我国企业人力资源队伍中年长员工的效能并没能有效发挥出来，这与 50 岁以上员工所受教育水平有限有关，也更多受到我国实行多年的提前退休政策的影响。在提前退休政策作用下，50 岁以上员工已临近退休，具有经验和才能的管理者也开始从重要职位上退下来，面临退休的员工会表现出更多的消极工作态度和行为，导致年长员工普遍出现过早的贬值。

面对当前日益加深的老龄化趋势，国家、企业和个人都应树立面向年长员工的积极态度。宏观政策上，本研究表明不同行业背景下年长员工效能存在差异，国家应探索具有行业弹性、学历弹性、工种弹性的退休制度，逐渐向内生性退休制度❶转变；管理层面上，人力资源管理者们应意识到年长员工的效能仍有待进一步挖掘，年长员工在非体力劳动领域可能发挥更大人力效能，应逐步构建基于年龄的人才动态配置体系；应摒弃传统的年龄歧视的观念，那些认为"培训对年长员工而言是不必要的""年轻员工更具有竞争力，应该给青年员工让出更多的职位"的观念，可能所导致的是企业付出更多的成本的同时传统的技能和经验却在不知不觉中丢

---

❶ 张熠：《内生退休年龄研究前沿》，《经济学动态》2015 年第 3 期。

失。一些企业已经开始认识到年长员工是有价值的，年龄多样性人力资源队伍将更有利于企业绩效的提升，有些企业认识到年长员工积累的隐性知识可以成为企业竞争优势和重要来源，从而放弃了让他们提前退休的方案，转而采用以业绩为主的方案。转变观念、改革现有管理方法，为员工提供年龄认知培训、鼓励年长员工将有益的经验传授给青年员工、促进所有人获得不分年龄的培训、发展终身学习的战略，将是企业面向老龄化，充分开发人力资源的有效措施。

第三节　年龄多样化对创新型企业绩效的影响研究

员工年龄特征是企业人力资源的重要特征之一。众多学者关注员工年龄与个体工作绩效之间的关系，得出或正向或负向或倒 U 形关系的结论[1]，但有关企业人力资源年龄特征对企业绩效影响的研究却为数甚少，并且企业人力资源的年龄差异也并没有引起学者们的关注。事实上，关注组织中存在着的"差异性"是很重要的，应该意识到年龄多样化对企业产生的影响[2]。与此同时，Ennen 和 Richter（2010）也提出组织成员存在互补性，也就是说"整体大于部分之和"。组织内各"元素"的多样化程度越高，互补性效应就越强[3]。将人力资源的年龄作为上述"元素"之一，不同企业人力资源的年龄特征存在着质的和量的差异，不同年龄群体的员工也通过其所拥有的独特知识和能力增强企业的整体价值。因此，不仅员工个体年龄会影响其工作绩效，不同年龄群体员工间的相互作用更有可能是影响企业绩效的重要因素。

根据以往的研究，年龄多样化是指组织中成员的年龄存在多大程度的

---

[1]　Waldman，D A，&Avolio，B J. A Meta – analysis of Age Differences in Job Performance. *Journal of Applied Psychology*，1986（71），pp. 33 – 38.

[2]　Riach，K. . Managing "Difference"：Understanding Age Diversity in Practice. *Human Resource Management Journal*，2009（19），pp. 319 – 335.

[3]　Ennen，E. and Richter，A. . The Whole is More than the Sum of its Parts – or is it? A review of the Empirical Literature on Complementarities in Organizations. *Journal of Management*，2010（36），pp. 207 – 233.

异质性❶。目前关于人力资源多样化的研究主要关注三个维度：年龄、性别和种族。但关于年龄多样化的研究尚不充分，有关年龄多样化会为组织带来更大的收益还是更大的成本也并无定论❷。一些研究表明年龄多样性对企业绩效具有正向作用❸，一些研究表明具有负向作用❹，还有一些研究得出年龄多样性与企业绩效不存在一致性影响❺。也有学者指出以上研究结果的差异是因为忽略了重要的调节变量❻。

观察我国创业板上市公司员工信息发现，年龄结构基本呈现正梯形结构特征，但年龄多样性分布却存在不同程度的差异。基于此，关注人力资源的年龄多样化对企业绩效的影响作用，通过引入企业的任务特征，探究年龄多样化对企业绩效的影响机理。与以往研究相比，我们的着眼点在于：首先，通过所获取的创业板上市公司 2009—2013 年间面板数据，分析年龄多样性特征对企业绩效的影响作用；其次，在证明年龄多样性对企业绩效影响后，引入企业任务特征作为调节变量，探究不同任务特征下年龄多样化对企业绩效影响的变化，丰富和发展已有的关于企业人力资源多样性问题的研究，为企业合理配置人力资源应对人口老龄化挑战提供借鉴。

一、理论基础与研究假设

现代组织的专业化分工，使员工必须处于合作的状态下才能有效地完

---

❶ Williams, K., & O'Reilly, C.. Demography and Diversity in Organizations: A Review of 40 Years of Research. *Research in Organizational Behavior*, 1998 (20), pp. 77 – 140.

❷ Bell, S. T., Villado, A. J., Lukasik, M. A., Belau, L. and Briggs, A. L. Getting Specific about Demographic Diversity Variable and Team Performance Relationships: A Meta – analysis. *Journal of Management*, 2011 (37), pp. 709 – 743.

❸ Backes – Gellner, U. and Tuor, S. Avoiding Labor Shortages by Employer Signaling – on the Importance of Good Work Climate and Labor Relations. *Industrial and Labor Relations Review*, 2010 (63), pp. 271 – 286.

❹ Cleveland, J. N. and Lim, A. S. Employee age and performance in organizations, in K. S. Shultz and G. A. Adams (eds), Aging and Work in the 21st Century, Mahwah, NJ: Lawrence Erlbaum, 2007.

❺ Leonard, J. S. and Levine, D. I. The effects of diversity on turnover: a large case study'. Industrial & Labor Relations Review, 2006 (59), pp. 547 –572.

❻ Uschi Backes – Gellner, Positive effects of ageing and age diversity in innovative companies – large – scale empirical evidence on company productivity. Human Resource Management Journal, 2013 (23), pp. 279 – 295.

成任务，因此组织的生产效率不仅仅取决于员工个体工作效率，还取决于成员间存在的互补效应（complementarity effects）。年龄多样化虽是个体多样化属性的浅层特征❶，但也反映了员工在经验、价值观、沟通方式、生活习惯等诸多不同，并在组织战略层面、内部管理层面、员工心理层面通过不同的作用对企业绩效产生重要影响。

从组织战略层面来看，资源基础观理论可以解释人力资源年龄多样化和企业绩效之间的关系。资源基础观认为组织本质上是资源和能力的集合体，组织要获取竞争优势，必须具有有价值的、稀缺的、不能被模仿和难以替代的资源和能力❷。研究表明，年龄多样化可以带来企业人力资源多样化，是能够提高企业能力的独特资源，可以提高企业的竞争优势❸。这主要是因为，首先，年龄多样性因为受人与人之间的关系、知识和经验的制约，因而是难以复制的；其次，实施多样化战略的企业，需要有不同的知识、经验和其他才能的员工，拥有多样化人力资源的企业可以轻易地获得这些知识和经验，这将给不同市场上进行经营的企业带来竞争优势；最后，年龄多样性可以帮助企业更好地了解不同年龄群体的客户的需求和消费取向，因此可以帮助企业，尤其是市场多元化战略的企业提高市场表现❹。一项对跨国经营的保险企业的研究表明，多元化战略的企业人力资源年龄多样化对企业绩效具有显著正效应❺。

从组织内部管理来看，年龄多样性会通过发挥异质性优势，而有助于提升组织整体的运行效率。具体来看，这种正向效应主要来自三个方面：

---

❶ Harrison D A, Price K H, Bell M P. Beyond Relational Demography – time and the Effects of Surface – and Deep – level Diversity on Work Group Cohesion. *Academy of Management Journal*, 1998 (41), pp. 96 – 107.

❷ Barney. Firm Resources and Sustained Competitive Advantage. *Journal of Management*, 1991 (17), pp. 99 – 120.

❸ 李骥、唐贵瑶:《企业人力资源的年龄多样化问题的实证研究》,《第十届全国青年系统科学与管理科学学术会议论文集》2009 年 10 月。

❹ Jayne, M. E. A. , &Dipboye, R. L. Leveraging Diversity to Improve Business Peformance：Research Findings and Recommendations for Organizations. *Human Resource Management*, 2004（43）, pp. 409 – 424.

❺ Ji Li, Chris Wai Lung Chu, . Age Diversity and Firm Performance in an Emerging Economy：Implications for Cross – culture Human Resource Management. *Human Resource Management*, 2011 （50）, pp. 247 – 270.

（1）更多样化的问题解决能力。年龄多样化的员工队伍会呈现多样的知识、价值观和偏好。他们有不同的观点、理解和启发，他们的心智模式也是不同的❶。因此，作为一个团队，他们有更大的知识蓄水池和解决问题的工具箱。知识可能是不同类型的（如技能的、社会的、文化的），也可能是相同类型的，但会存在不同的水平（初级的或高级的），也包括不同水平的不同类型。年轻一代可能具有较高的学术水平但社会经验欠缺，而年长一代可能具有较低的学术水平但更富有工作经验和社会技能。综合这些因素，年龄多样性组织，与具有较高相似度的同质性组织相比，更有可能降低组织决策的片面性，并增进创新，以此推动组织绩效的提升。比如，Backes – Gellner 等（2011）通过研究德国的年龄多样化的劳动力队伍，发现更多样化的员工会提升组织绩效，因为它能够更好地满足多维度绩效的要求❷。Lauring 和 Selmer（2012）的研究也指出，不同类型的多样化（如人口统计学意义上的或文化上的）会带来不同的知识共享的结果❸。但年龄多样化的收益是否足够高会引起企业绩效的提升仍需实证加以检验。

（2）更有效地组织激励。一个更加同质化年龄的群体，很难形成年龄梯队，这一方面会加重同年龄组成员间的竞争，另一方面也会因为年长者过多阻滞职业阶梯而减少年轻员工向更高层次的职业发展机会。年轻群体因为减少晋升激励而失去动力，相反，更高的年龄多样性会通过提供职业发展机会而增进员工的工作动力，从而带动组织生产率的提升。

（3）更有效的企业价值观规范的代继传承。年龄同质的员工队伍使得企业特有文化的代际传承变得更加困难。只有员工队伍具有足够的年龄多样性才能保证内部劳动力市场能够最优地发挥其既定的职能。缺少晋升机会会阻碍企业提升拥有重要知识的员工，反过来，这些员工更有可能离职而将他们的知识带走。这种情况在有关生产设备和技能的特有知识和公司

---

❶　Page, S. E. The Difference: How the Power of Diversity Creates Better Groups, Firms, Schools, and Societies, Princeton, NJ: Princeton University Press, 2007.

❷　Backes – Gellner, U., Schneider, M. and Veen, S. Effect of Workforce Age on Quantitative and Qualitative Organizational Performance: Conceptual Framework and Case Study Evidence. *Organization Studies*, 2011（32）, pp. 1103 – 1121.

❸　Lauring, J. and Selmer, J. Knowledge Sharing in Diverse Organizations. *Human Resource Management Journal*, 2012（22）, pp. 89 – 105.

特有工作方式的实践知识是非常重要的情境下就会加重对企业绩效的影响。更加多样性的年龄跨度会使得专用知识、组织规范、企业文化在代际传递更加容易❶。年长员工是领头人，是倡导者，而年轻员工作为跟随者，得以社会化。持续的新老员工的传承对保持高效的组织管理模式是必要的。这一效果在绩效（或产出）难以衡量时尤为显著❷。

相比战略层面和组织层面的研究，个体心理层面的分析则更多表明年龄多样性的增加会对组织绩效带来负面效应。这主要体现在：

（1）增加沟通的难度。当前的社会心理学研究表明个体行为会受社会识别和社会归类机制的影响，通过进行社会比较进行自我审视与评价，并进行自我归类。性别、年龄、文化等背景相似的个体可能会有相似的生活经历和价值观，因此彼此能够比较容易地进行相互交流与合作。相反，经历不同社会化过程中的个体通常会形成不同的知识和价值观体系，客观相同的事件会被不同的个体产生差异化认知。这类认知上的差异会阻碍代际沟通，造成更多的信息传递过程中的曲解和沟通过程中的误解，也有可能妨碍形成相互接受的问题解决方法❸。因此，个体沟通的成本通常会随群体异质性的增加而增加。

（2）价值冲突导致更低的社会融合。年龄多样性也可能因为差异化的员工价值观和偏好，对团队生产率产生负面影响，不同的年龄群体，均有自己独特的社会化过程，通常会表现出迥异的文化和规则态度，这也在一定程度上增加了价值观冲突的可能性。反过来说，这也会降低不同代际成员间的社会融合度，增加冲突的可能性，最终降低生产率❹。

（3）增加员工周转率。年龄多样化增加会通过增加周转率而间接地对

❶ Cremer, J. Cooperation in Ongoing Organizations. *The Quarterly Journal of Economics*, 1986 (101), pp. 33–50.

❷ Lazega, E. Rule Enforcement among Peers: A Lateral Control Regime. *Organization Studies*, 2000 (21), pp. 193–214.

❸ Gevers, J. M. P. and Peeters, M. A. G.. A Pleasure Working Together? The Effects of Dissimilarity in Team Member Conscientiousness on Team Temporal Process and Individual Satisfaction. *Journal of Organizational Behavior*, 2009 (30), pp. 379–400.

❹ Lau, D. C. and Murnighan, J. K.. Interactions within Groups and Subgroups: The Effects of Demographic Faultlines'. *Academy of Management Journal*, 2005 (48), pp. 45–659.

生产率产生负效应。周转率增加是员工解决因为低社会融合度和持续的沟通问题而增加的价值观冲突的一种方法。这种增长的周转率，在典型的业务情境中，通过缺勤和调整成本而使得生产率下降❶。

以上三种分析的视角反映出年龄多样化的双重性，其既可产生积极性又能产生消极影响。另外，一项欧洲的研究比较了工厂层面的多样性和团队层面的多样性对绩效的影响。在团队层面，在德国的汽车装配厂里，年龄多样性会增加请病假的可能性，也会阻碍沟通，因此团队层面的互补性会有所缺失。而企业层面的多样性（如芬兰工厂）意味着在企业的某些部分，如管理层，会有更多年长、富有智慧和经验的员工；而其他部分，如生产部门，则由很多年轻、较高胜任度的员工占据。因此，公司层面的互补性会更好❷。

年龄多样性会带来更大的收益还是更大的成本并无定论。Backes - Gellner（2013）根据标准经济学理论，提出了程式化的经济分析模型，指出随着多样性程度的提高，成本会大幅度提升，即边际成本提高。同样边际收益亦会提高，也就是增加多样性会导致额外的收益，但这些收益的增长幅度会随着多样性增长而减小。因此，增加年龄多样性开始对企业整体生产效率存在正效应，但超过某一点（$H*$）后，成本就会大于收益，负效应就会显现。所以年龄多样化与企业生产效率之间呈倒 U 形关系❸。所以研究有必要去判断年龄多样化的收益是否足够高会引起企业生产率的提升。

基于此，我们提出以下假设：

H1：企业员工年龄多样化程度越高，企业劳动生产率越高。

从企业成本的角度来看，组织人力资源成本主要包括工资和相关的社会保障支出。在拥有正梯形年龄结构组织中，较高的年龄多样性员工队

---

❶ Richard, O. C. and Shelor, R. M. Linking Top Management Team Age Diversity to Firm Performance: Juxtaposing Two Mid - range Theories. *International Journal of Human Resource Management*, 2002（13），pp. 958 - 974.

❷ Van Ours, J., P. Ilmakunnas, V. Skirbekk, and M. WeissAging and Productivity. Paper Presented at the IX Conference Fondazione Rodolfo DeBenedetti, Limone, Italy. 2007.

❸ Uschi Backes - Gellner, Positive Effects of Ageing and Age Diversity in Innovative Companies - Large - Scale Empirical Evidence on Company Productivity. *Human Resource Management Journal*, 2013（23），pp. 279 - 295.

伍，意味着组织中存在着更大比例的年长员工，他们的高年龄往往也意味着高年资、高工资待遇和高福利保障。另外有些企业存在福利延迟计划，这也使得拥有更高比例的年长员工的企业要付出更高的人力资源成本。基于此提出假设：

H2：企业员工年龄多样化程度越高，企业财务绩效越低。

另外，当前的研究也表明企业所从事的核心任务特征在年龄多样性影响生产率的程度上起着重要作用。当任务完成需要高度的创新性，或者在动态的情境、问题模糊难以清晰界定时进行战略性、复杂的决策时，多样性会明显提高生产率❶❷。在这种情境下，年龄多样化程度高有利于增进群体讨论，更好地分析和更优的问题解决。相反，多样性并不能为稳定环境下的常规性问题提供竞争性优势，因为在这种情境下问题和解决方法已经是确定的了。因此，认为在创新性任务主导的创新性情境下更高的年龄多样性的收益会更高，提出以下假设：

H3：创新型任务特征的企业，其年龄多样化对企业劳动生产率的积极作用更为明显。

H4：创新型任务特征的企业，其年龄多样化对企业财务绩效的负向作用趋于强化。

二、研究设计

（一）样本选择与数据来源

选取 2009—2013 年持续经营的创业板上市公司面板数据为研究样本，对 5 年数据进行持续观测，有利于纵向观测创业板上市公司成长过程中员工年龄多样性对企业绩效的影响作用。截至 2014 年 12 月 31 日，我国创业板共有 410 家上市公司，为了确保样本数据的信度与效度，尽可能消除异

---

❶ Richard, O. C. and Shelor, R. M. Linking Top Management Team Age Diversity to Firm Performance: Juxtaposing Two Mid – range Theories. *International Journal of Human Resource Management*, 2002 (13), pp. 958 –974.

❷ Jackson, S. E. and Joshi, A. Diversity in Social Context: A Multi – attribute, Multilevel Analysis of Team Diversity and Sales Performance. *Journal of Organizational Behavior*, 2004 (25), pp. 675 –702.

常样本对研究结论的影响，本研究依据以下原则进行样本筛选：①剔除考察期内所需研究数据无法获得或未披露的企业；②剔除上市期间因合规性问题受到证监会、证券交易所等监管机构处分的上市企业；③剔除考察年度内经营数据出现异常值的企业；④剔除影视文化类上市公司。最终共得到 293 家创业板上市公司作为研究样本，其中制造业 211 家，服务业 82 家；"创新型"任务特征企业 111 家，"常规型"任务特征企业 182 家。

在获取的样本数据中，企业员工年龄段分组数据根据 RESSET（锐思）金融研究数据库中"员工构成信息"数据手工收集所得，并结合巨潮资讯网披露的上市公司年报对数据进行核查和补充。企业绩效和其他变量原始数据均来自国泰安 CSMAR 数据库。使用统计软件 STATA12.0 以及 SPSS16.0 对数据进行处理分析。

（二）变量及其度量（见表 4 - 10）

（1）被解释变量。企业绩效。相关的研究[1][2]主要从劳动生产率和财务绩效来衡量企业绩效。采用这两个维度进行衡量，其中劳动生产率采用营业总收入与员工总数比值的对数来衡量，财务绩效用上市公司年报披露的加权平均净资产收益率（ROE）进行衡量。

（2）解释变量。员工年龄多样性。参考[3][4]测量人口多样化维度的公式进行衡量。

$$H = - \sum_{i=1}^{N} P_i (\ln P_i)$$

公式中 P 代表某个年龄组员工数占员工总数的百分比。根据上市公司年报披露的数据，本样本中企业员工年龄分组为 30 岁以下，30 ~ 40 岁，

---

[1] Richard, O. C. Racial Diversiy, Business Strategy, and Firm Performance: A Resourcebased View. *Academy of Management Journal*, 2000 (43), pp. 164 – 177.

[2] Ji Li, Chris Wai Lung Chu, . Age Diversity and Firm Performance in An Emerging Economy: Implications for Cross – culture Human Resource Management. *Human Resource Management*, 2011 (50), pp. 247 – 270.

[3] Teachman, J. D. Analysis of Population Diversity. *Sociological Methods and Research*, 1980 (8), pp. 341 – 362.

[4] 同②。

40～50岁，50岁以上。根据这一公式，当各年龄组的人数分布达到平衡时，年龄多样化程度最高，接近1.3863；当人口年龄分布极不平均时，年龄多样性程度接近0。

（3）调节变量。企业的任务特征。到目前为止，关于企业的核心业务特征是更具有创新性还是更偏重于常规型，并没有明确和一致的衡量方法。为了提高衡量手段的效度，采用现有文献中常采用的两种不同的方法对企业的任务特征进行衡量。第一，基于企业的研发投入进行衡量❶，采用企业研发占营业总收入比来衡量；第二，基于高新技术企业分类标准进行衡量，其中制造业根据郭克莎❷（2005）划分技术密集型产业的口径，分为高技术密集度产业（包括航空航天器制造业、电子计算机制造业、通信设备制造业、化学和生物制药）、中高技术密集度产业（包括仪器仪表及文化办公用机械、其他电子和通信设备制造业、其他医药制造业、汽车制造业、化学原料及制品制造业、电气机械及器材制造业、通用设备和专用设备制造业、其他交通运输设备制造业）、中低技术密集度产业（包括橡胶和塑料制品业、化学纤维制造业、非金属矿物制品业、有色金属冶炼及压延加工业、废弃资源和废旧材料回收加工业）和低技术密集度产业（包括石油加工及炼焦业，黑色金属冶炼及压延加工业，金属制品业，造纸、印刷业，文教教育用品，木材加工和家具，纺织、服装和皮革，食品、饮料和烟草，工艺品及其他制造业）。其中，高技术密集度产业界定为"创新型"，其他则定为"常规型"。服务业则将从事科学研究和实验发展活动、专业技术服务和科学交流活动及专门从事网络化信息服务和信息技术服务的企业界定为"创新型"，其他则定为"常规型"。

（4）控制变量。①企业规模。企业规模作为控制变量，是因为其可能与员工年龄结构和企业绩效都有关系。根据规模经济理论及已有文献研究，企业规模会影响企业经营绩效。沿用前人研究的方法，采用资产总额的对数值衡量企业规模。②人员总数。人力资源数量大的企业更有可能采

---

❶　黄攸立、陈如琳：《企业创新绩效影响因素的研究综述》，《北京邮电大学学报（社会科学版）》2010年第4期。

❷　郭克莎：《我国技术密集型产业发展的趋势、作用和战略》，《产业经济研究》2005年第5期。

取复杂的人力资源实践，同时由于大企业利用人力资本投资，因而更有可能形成高度年龄多样化员工队伍。与其他研究类似，本研究也采用员工人数的对数值作为控制变量。③企业成立时间。公司成立时间越长，由于人力资源实践的演变和趋于稳定化，公司越有可能雇用更多年长员工，因而有更多样化的员工队伍。④上一年度企业财务绩效水平。实践和研究均表明，企业上一年度财务绩效在很大程度上会影响当前财务绩效。⑤公司治理水平。现代企业制度下，公司治理水平是影响企业绩效的重要因素。选取董事会规模、独立董事比例、董事长与总经理是否由同一人兼任、股权制衡度、高管持股比例综合衡量企业治理水平。

表 4-10　被解释变量、解释变量、调节变量和控制变量的定义与计算方式

变量	变量代码	变量定义和计算公式
年龄多样性	Age_diversity	人口多样化维度的公式
劳动生产率	Productivity	营业总收入与员工总数之比，取自然对数
财务绩效	Profitability	加权平均净资产收益率
企业任务特征：	Task：	
研发占比	R&D	研发支出占营业总收入之比
技术密集程度	tech-intensive	"创新型"取"1"，"常规型"取"0"
企业规模	Total_asset	资产总额取自然对数
企业人数	Total_employee	人员总数取自然对数
企业年龄	Age	企业成立年限
上一年财务绩效	Last_Profitability	上一年度加权平均净资产收益率
公司治理水平：	Governance：	
董事会规模	Bosize	全部董事人数
独立董事比例	Outdireto	独立董事人数占全部董事人数之比
董事长与总经理是否同一人兼任	CEO-COB	"是"取1，"否"则取0
股权制衡度	EBD	前三位股东持股比例与公司总股本之比
高管持股比例	ESR	公司高管所持股数量与公司总股本之比

（三）模型构建

运用面板数据通过回归分析的方法对企业员工年龄多样性与企业绩效

的关系进行检验，并分析企业任务特征在此关系中的调节作用。为了验证相关假设，设计以下多元回归模型：

模型 1：

$$Productivity = c + \alpha_0 Age\_diversity + \beta_0 Controls + \varepsilon$$

模型 2：

$$Productivity = c + \alpha_0 Age\_diversity + \alpha_1 Task + \alpha_2 Age\_diversity \times Task + \beta_0 Controls + \varepsilon$$

模型 3：

$$Profitability = c + \alpha_0 Age\_diversity + \beta_0 Controls + \varepsilon$$

模型 4：

$$Profitability = c + \alpha_0 Age\_diversity + \alpha_1 Task + \alpha_2 Age\_diversity \times Task + \beta_0 Controls + \varepsilon$$

其中，c 表示截距项，ε 表示随机扰动项。模型 1、模型 3 分别代表了企业绩效的两个维度与解释变量、控制变量回归，用以检验假设 H1、H2；模型 2、模型 4 引入了调节变量企业任务特征，用以检验假设 H3、H4。按照调节效应的检验方法，如果模型 2、模型 4 的回归结果中，乘积项的回归系数显著，即说明任务特征对年龄多样性和企业各绩效之间的关系具有调节作用[1]。

三、数据分析与结果

（一）描述性统计分析

对未标准化前的解释变量和调节变量进行分年度描述性统计，得到其均值、标准差和极大极小值，结果见表 4 - 11。对各变量进行 Pearson 相关检验，结果见表 4 - 12。由结果可以看出，当前我国创业板上市公司员工年龄多样性均值呈现逐年上升趋势，各年度均值在 1 左右，说明样本企业整体上具有较高的年龄多样性水平。

---

❶　温忠麟、侯杰泰：《调节效应与中介效应的比较和应用》，《心理学报》2005 年第 2 期。

表4-11　各主要变量的描述性统计分析

年度	变量	极小值	极大值	均值	标准差
2009	年龄多样性	0.1927	1.3546	0.9233	0.2795
	劳动生产率	11.8242	15.1708	13.2360	0.6734
	财务绩效（%）	13.75	72.59	32.2896	11.8360
	研发投入占比（%）	0	22.51	5.6398	4.1381
2010	年龄多样性	0.2107	1.3665	0.9314	0.2586
	劳动生产率	11.8174	15.6614	13.2425	0.6714
	财务绩效	2.52	74.58	24.1036	13.9876
	研发投入占比（%）	0	39.91	5.6120	4.2603
2011	年龄多样性	0.2638	1.3568	0.9454	0.2398
	劳动生产率	11.8609	15.4276	13.3019	0.6557
	财务绩效	0.16	94.20	15.2728	13.0091
	研发投入占比（%）	0	29.07	6.2663	4.7928
2012	年龄多样性	0.3241	1.3541	0.9759	0.2374
	劳动生产率	11.8141	15.7454	13.2914	0.6404
	财务绩效	-27.31	40.35	8.5605	6.4762
	研发投入占比（%）	0	52.67	7.0035	6.2445
2013	年龄多样性	0.3229	1.3662	1.0094	0.2226
	劳动生产率	11.9250	15.6253	13.3382	0.6340
	财务绩效	-26.49	35.34	7.4395	7.2103
	研发投入占比（%）	0	45.04	7.6587	6.7346

表4-12　各主要变量的相关关系

变量	1	2	3	4	5	6	7
年龄多样性1	1						
劳动生产率2	0.357**	1					
财务绩效3	-0.196**	0.082**	1				
研发占比4	0.195**	-0.199**	-0.095**	1			
企业规模5	0.058*	0.148**	-0.536**	-0.037	1		
企业人数6	-0.235**	-.486**	-0.224**	-0.087**	0.522**	1	
企业年龄7	-0.018	0.063*	-0.114**	0.044	-0.056	0.019	1

注：**、*分别代表1%、5%的显著性水平。

（二）面板数据回归分析

按照所设计的模型，运用 stata12.0 进行面板数据回归分析，结果如表 4 - 13。

表 4 - 13　面板数据回归分析

模型 变量	企业绩效			
	劳动生产率（Productivity）		财务绩效（Profitability）	
	M1	M2	M3	M4
控制变量				
企业规模	0.103 ***	0.113 ***	- 16.139 ***	- 15.983 ***
	(4.14)	(4.85)	(- 18.84)	(- 18.74)
企业人数	- 0.628 ***	- 0.614 ***	4.597 ***	4.799 ***
	(- 16.08)	(- 16.85)	(3.42)	(3.60)
企业年龄	0.086 *	- 0.040 **	- 11.743 **	- 13.440 ***
	(0.63)	(- 0.31)	(- 2.548)	(- 2.85)
上一年度财务绩效	0.004 ***	0.002 **	0.222 ***	0.196 ***
	(4.63)	(2.18)	(8.52)	(7.38)
解释变量				
年龄多样性	0.061 ***	0.149 **	- 7.886 **	- 7.504 *
	(0.60)	(1.23)	(- 2.24)	(- 1.69)
调节变量				
任务特征		- 0.021 **		- 0.379
		(- 2.26)		(- 1.12)
交互效应				
年龄多样性 * 任务特征		0.014 *		- 0.063
		(0.75)		(0.16)
R^2	0.3149	0.4064	0.6852	0.6917
F/Wald 检验	$F = 32.76$ $P = 0.0000$	$F = 41.19$ $P = 0.0000$	$F = 155.11$ $P = 0.0000$	$F = 134.94$ $P = 0.0000$
Hausman 检验	固定效应	固定效应	固定效应	固定效应
	$P = 0.0000$	$P = 0.0000$	$P = 0.0000$	$P = 0.0000$

注：*** 、** 、* 分别代表 1%、5%、10% 的显著性水平，括号内为 $t(z)$ 值；Hausman 检验：$P < 0.05$ 则拒绝原假设，意味着模型为固定效应模型，否则则接受原假设，采用随机效应模型；本表未报告公司治理水平和常数项。

通过模型 1 的结果可知：豪斯曼检验 P 值为 0.0000，小于 0.05，说明应当采用固定效应模型。固定效应模型 $F = 32.76$，$P = 0.0000$ 通过显著性检验，$R^2 = 0.3149$，解释变量年龄多样化回归系数为 0.061，且在 1% 水平下显著，说明员工年龄多样化对企业劳动生产率有显著正向影响。假设 H1 得到验证。

分析模型 2 的数据发现，引入调节变量以及调节变量与解释变量的乘积项之后，模型的 $F = 41.19$ 且通过显著性检验，$R^2 = 0.4064$，解释变量年龄多样化回归系数为 0.149，且在 5% 水平下显著，乘积项的回归系数为 0.014，且在 10% 水平下显著，说明企业创新性任务特征对年龄多样性与企业劳动生产率之间的关系具有正向的调节作用，即在创新型企业中，年龄多样化程度对企业劳动生产率的促进作用显著增强。假设 H2 得证。

模型 3 验证年龄多样化与企业财务绩效之间的关系，从数据可以看出，豪斯曼检验 P 值为 0.0000，小于 0.05，说明应当采用固定效应模型。固定效应模型 $F = 155.11$，$P = 0.0000$ 通过显著性检验，$R^2 = 0.6852$，解释变量年龄多样化回归系数为 −7.886，且在 5% 水平下显著，说明员工年龄多样化对企业财务绩效有显著负向影响。假设 H3 得到验证。

同样，模型 4 中引入调节变量企业任务特征以及任务特征与年龄多样化的乘积项，模型 $F = 134.94$ 且通过显著性检验，$R^2 = 0.6917$，乘积项的回归系数为 −0.063，但未通过显著性检验，说明企业创新型任务特征对年龄多样性与企业财务绩效之间的关系的调节作用不显著。假设 H4 未得到验证。

（三）稳健性检验

为进一步验证以上结果的稳健性，采用高新技术企业分类标准衡量企业任务特征，将其作为调节变量，对样本进行回归分析。根据当前研究，当被解释变量为连续变量，调节变量为类别变量时可以使用分组回归分析的方法[1]。从表 4 – 14 中可以看出，创新型企业组中，年龄多样化对劳动生产率的影响系数为 0.33，且在 5% 水平下显著。而在常规型企业组中，

---

[1] 温忠麟、侯杰泰：《调节效应与中介效应的比较和应用》，《心理学报》2005 年第 2 期。

年龄多样化对劳动生产率的影响系数为 0.178，在 5% 水平下显著。Chow 检验结果表明，两组之间存在显著差异。这说明企业任务特征在年龄多样性与劳动生产率中发挥着正向调节作用，创新型企业中员工年龄多样性对劳动生产率的提升具有更高的作用。

由分组回归结果亦可看出年龄多样性对财务绩效呈显著负向影响，创新型企业组年龄多样化对财务绩效的影响系数为 −8.177，且在 10% 水平下显著。常规型企业组中年龄多样性对财务绩效的影响系数为 −6.001，且在 10% 水平下显著。年龄多样性与企业财务绩效间存在负向作用。但 Chow 检验并不显著，说明两组并不存在显著差异，即企业创新型任务特性对年龄多样性与企业财务绩效不起调节作用。

表 4 − 14　分组回归分析结果

模型变量	企业绩效			
	劳动生产率（Productivity）		财务绩效（Profitability）	
分组	常规型	创新型	常规型	创新型
控制变量				
企业规模	0.054 * (1.79)	0.151 ** (3.49)	−14.815 *** (−13.36)	−18.291 *** (−13.23)
企业人数	−0.612 *** (−13.47)	−0.639 *** (−8.84)	3.241 ** (1.95)	7.215 *** (3.12)
企业年龄	0.077 * (0.58)	0.140 *** (5.36)	−10.292 ** (−2.12)	−0.299 * (−.36)
上一年度财务绩效	0.003 *** (3.56)	0.004 ** (2.92)	0.223 *** (6.47)	0.215 *** (5.14)
解释变量				
年龄多样性	0.178 ** (1.36)	0.330 ** (1.95)	−6.001 * (−1.26)	−8.177 * (−1.51)
R^2	0.3494	0.3135	0.6726	0.7150
F/Wald 检验	F = 24.41 P = 0.0000	F = 12.51 P = 0.0000	F = 93.37 P = 0.0000	F = 68.74 P = 0.0000
Hausman 检验	固定效应	固定效应	固定效应	固定效应
	P = 0.0000	P = 0.0000	P = 0.0000	P = 0.0000
Chow 检验 （5% 水平）	F = 5.83 显著		F = 1.84 不显著	

通过对创业板上市样本企业的纵向面板数据进行回归分析，探讨企业人员年龄多样性对企业绩效的影响作用，以及企业创新型任务特征对二者关系的调节作用，结果表明：第一，员工年龄多样化对企业绩效具有明显的作用，主要体现在一方面对劳动生产率具有正向的促进作用，另一方面则对财务绩效具有负向的破坏作用。这主要因为不同年龄群体的员工间的相互作用会体现为劳动效率的提升。另外，随着年长员工的占比增多，多样化的年龄结构会在一定程度上加重企业的成本负担，对财务绩效造成一定负面影响。第二，创新型企业中年龄多样性对企业绩效的作用更为显著，可以显著提高企业劳动生产率，但在年龄多样化对财务绩效产生的负向作用方面并没通过显著性检验。这主要是因为创新型企业的任务完成需要更高的创新性，任务也更多处于动态、难以清晰界定和更富于多样性的情境中，因此员工年龄上多样性恰恰可以满足对复杂环境的应对能力，有效提升企业的劳动生产率，也由此弱化企业用工成本负担对企业财务绩效的影响。

当前我国已经进入人口老龄化阶段，从第六次全国人口普查的数据来看，未来劳动力供给将持续减少，同时劳动力供给中老年人口和相对高龄的劳动力（45～59岁）占的比重持续上升，按王金营[1]的预测二者合计将由2010年的30%上升到2020年的39.5%，再到2050年的45.3%，因此，我国未来劳动力供给老龄化、老化将非常明显。与此同时，青壮年劳动力的比重持续下降，将由2010年的70%下降到2020年的60%，到2050年进一步下降到不足55%，甚至更低。这是未来社会经济发展所面临的一个较为突出的问题，也是企业面向劳动力市场将面临的现实挑战。在此情境下对企业员工年龄结构特征以及由此对企业绩效所带来的影响的研究就显得尤为重要。本研究结果表明预期的老龄化人口挑战，不应该仅仅被看成是对企业的威胁，也是一种有价值的资源。如果能够正确对待这种变化，年龄结构的变化会支持创新型企业的生产率。基于此，提出相关政策建议如下：

---

[1] 王金营，《中国劳动参与年龄模式变动及其未来劳动供给结构分析》，《广东社会科学》2012年第2期。

首先，企业应从战略高度加强对员工年龄多样化问题的认识，构建面向老龄化社会的战略人力资源管理体系。目前渐近式退休年龄制度已纳入中央政策制定历程，未来企业必将面临更大年龄跨度的人力资源，人力资源管理体系的战略导向应转为包容性。创新型企业重视年轻员工的创新思维和活力，年长员工的丰富经验和启发思维亦不可或缺，年龄友好型人力资源管理体系将有效提升企业生产效率。

其次，制订员工多元化管理方案，提升企业年龄多样化管理能力。具体来看，企业人力资源管理活动应该具有更大年龄段跨度。如基于不同工作特征，采取积极的措施招募、晋升和保留各年龄组的员工；采用多样化管理手段，满足不同年龄组员工的个体需求和工作需求；通过培训和沟通，促进跨年龄组人员融合。

最后，打破年龄歧视，培育年龄友好的组织氛围。以年龄多样化氛围去构建人力资源管理系统，要求组织无歧视地对待各个年龄组的员工，通过培训和交流，增强组织各个层次对年龄多元化的认识，促进各年龄组员工的融合和交流，发挥年龄多样化组织人力资源的最大价值。

第五章　国际借鉴：一些国别经验研究

第一节　制度背景的比较

一、国际层面的老龄化问题

老龄化问题已成为 21 世纪人类面临的最严峻的挑战之一，与发达国家相比，"未富先老"的中国面临的形势更加严峻。我国经济在经历了 30 多年 10% 左右的高速增长后，经济增速回落，自 2012 年经济增速持续稳定在 7% ~ 8%。新常态下经济增速放缓与老龄化加速的矛盾与风险凸显。截至 2014 年年底，全国 60 岁及以上老年人口 21242 万人，占总人口的 15.5%，其中 65 岁及以上人口 13755 万人，占总人口的 10.1%，我国已经进入人口老龄化快速发展时期。联合国人口基金会以及中国老龄委预测，到 2025 年前后，中国 60 岁以上的人口占总人口的比重将超过 20%。可以说，中国用 25 年左右的时间走完西方国家近百年才达到的老龄化程度。尽管目前中国还不是老龄化程度最高的国家，但受计划生育政策及城市化等因素影响，人口总规模得到有效控制的同时，生育意愿减弱、生育力下降，人口老龄化、高龄化、家庭结构小型化及空巢家庭增多，传统的家庭养老模式已不能满足现代社会的养老需求。我国相关政策和制度建设存在诸多不足，老年社会保障体系不健全，老龄保障和服务发展滞后。如何妥善解决老年人的养老问题，实现"老有所养"已成为关系国计民生和社会稳定的重大现实问题，由此引发的对养老等社会问题的研究和探讨也成为人们关注的焦点。日本是工业发达国家进入老年型社会最晚的国家，但其人口老龄化增速位于发达国家之首。日本应对老龄化对策的探索一直没停止过，从1963年《老人福利法》的颁布到2000年《介护保险法》（护理保险法）的实施，其各种养老保障制度覆盖了整个社会。经过半个多世纪的探索，实现了由传统的"家庭养老"到现代"居家—社会型"养老模式的成功转型。

20世纪70年代到90年代，在工业化转型过程中很多西方社会通过制度或者政策途径鼓励员工提前退休（Kohli & Rein，1991），使用的措施一般包括由国家出资的货币激励政策和国家赞助的提前退休计划以及职业养老金计划，同时向员工保证在退休期间他们能够达到足够的生活水准（Blossfeld et al，2006）。政府和雇主通过这些途径来实现裁员，使得老龄员工出局，尤其是那些蓝领阶级中的老龄员工（Hirsch，2003）。在1960年的西方工业化国家中，年龄在60~64岁的人群中大约有75%的人工作。但是这一比例在20世纪90年代中期就跌落至不到50%，尽管这一数据在国家间存在明显差异（OECD，2005）。

鉴于人口老龄化和可预见的劳动力短缺，提前退休计划由于负担能力问题和对经济的影响，逐渐被认为不具有可持续性。提前退休计划一是给那些老龄人口的收入安全带来了负面影响（Walker，1980），二是其强化了老龄人口生产力低下的惯性思维（Walker，2005）。后者由对"老龄"何时开始的重新定义而引发，它加剧了现有的就业方面的年龄歧视问题，也进而导致了20世纪90年代中后期出现的矛盾局面：制度化的提前退休仍在实行，但是经合组织的政府和雇主们都开始重新评估老龄员工的价值（Walker & DLitt，2000）。因此，自90年代开始，由于经济和社会的压力，以及后期欧盟《里斯本条约》的实施，欧洲国家的政府（包括英国和德国）纷纷出台措施以阻遏提前退休计划，并且鼓励更长的工作年限（Phillipson，2013）。此类措施被认为是"积极老龄化"的一部分，是一个涵盖了健康、老龄关怀和工作的政策框架。在日本，由于低出生率和有限的移民人口，日本政府自20世纪60年代开始就一直致力于鼓励延长工作年限。然而，尽管自90年代后期开始，老龄人群的雇佣比率在大体上得到了显著提升（OECD，2013），但由于社会群体之间的多样性，并不是所有个体都能平等地延长他们的雇佣期,尤其是教育水平较低的员工,在留职以及找新工作时会面临更多的困难,因而也更加容易在未达到退休年龄时就被迫"退出"(Bennett & Mohring, 2015)。

尽管该研究领域并不缺乏关于提前退休及其驱动因素的文献(Kohli & Rein, 1991; Walker, 1985; OECD, 2011),但是关于由鼓励提前退休转变到提倡延长工作年限问题的关注还非常有限,尤其是关于退休转变是否被认为是个人选择问题的研究,例如"雇主偏爱年轻员工是否迫使老年人退休"(Wood et al, 2008)。本章主要的研究内容是:第一,绘制出德国、英国、日本三个国家退休时间的发展情况;第二,用实证方法分析不同国家的员工的退休动机。研究过程中,重点关注在达到退休年龄之前,哪些人是有风险、非自愿地被"推出"职场的,以及这种情况是如何随着时间而变化的。我们选取了德国、英国以及日本作为研究对象,这是因为他们都面临着老龄化问题(Christensen et al, 2009),但是在市场参与率问题上,三个国家50岁以及更高年龄人群的表现却不尽相同(OECD, 2014)。此外,在推行提前退休政策的动因、劳动力市场的调节程度、劳资关系体系以及公司到底是推行鼓励老龄员工继续工作还是鼓励老龄员工提前退休方面(Ebbinghaus, 2006; Ebbinghaus & Hof¨acker, 2013; Flynn et al, 2013),这三个国家存在很大差异(Blondal & Scarpetta, 1999)。我们研究三个国家的相关制度差异是如何影响各国员工的退休决定,以及不同劳动力市场中各劳动力群体是否存在特征差异。❶

二、国别间的差异比较

1. 日本

20世纪70年代日本进入老龄化社会,且老龄化进程加快。同时,伴随着经济高速发展,日本家庭结构、社会环境及老年人养老意识都发生了变化,妇女走向社会,造成家庭内部缺乏护理人手和社会护理设施不足的矛盾加剧,医院拥挤和医疗费用剧增成为当时突出的社会问题。为此,社

---

❶ 由于数据的限制,我们无法分析英国总体的数据,因此选择英格兰作为代表英国的分析对象。

会保障及养老模式进入新一轮改革：第一，1982年颁布了《老人保健法》，推出一系列老人福利政策，将老年人的医疗和保健从一般人的健康保险体系中剥离出来，形成相对独立的体系。老年人的医疗费由个人、国家和保险机构共同分担，个人负担部分不超过10%；第二，政府出资建立托老所，为老人提供短期入住、护理和治疗服务；第三，政府出资培训了10万名家庭护理员，负责看护照顾生活不便的老人。此法的实施暂时缓解了养老问题的社会压力，尽管养老院等机构提供了良好的医疗护理条件，却解决不了离家老人忧郁孤独的心情，造成机构养老的死亡比率明显高于居家养老的老人。为了解决这一社会问题，1989年政府又制定了《推进高龄者保健福利十年战略计划》，即以居家养老、居家看护为主的"黄金计划"，经过1994年的进一步修改，形成了居家养老为中心的社区服务体系，为居家的老年人提供短时和日间服务。至此，日本特有的"居家—社会型"的养老方式形成。

日本养老模式的探索经历了由"家庭养老"到"机构养老"再到"居家—社会型养老"的演变历程。"黄金计划"的实施暂时缓解了老龄化浪潮冲击的护理难题，但并未从根本上解决问题，且资金来源也成为难题。为了减少医疗费的激增，缓解日益增长的社会保障支出对国家财政的压力，1997年开始制订的《护理保险法》于2000年4月实施，此法将40岁以上的被保险人都纳入护理保险的范围。护理保险的财源以政府为主（50%，其中国家25%、都道府12.5%、市町村12.5%），40~64岁国民的负担为33%，在年金或工资中按比例扣除，65岁以上的老人负担17.5%，在养老金中扣除，由服务机构采取派遣家庭援助者或受保人利用专业化护理服务设施的保险形式。❶ 并把原来分离的老年人福利制度和老年人医疗保险制度进行整合，创建了一个方便、公平、有效的全体社会支援的老年人护理体系。后分别于2005年、2009年及2011年3次对护理保险制度进行修改，使护理报酬、护理认定系统及认定标准等护理服务标准更加科学化、人性化。日本特有的"年金—医疗—护理"为核心的养老服务体系形成，使得"家庭—社会型"养老模式更加完善，日本也成为发达

---

❶　日本厚生劳动省官方网站，http：//www.mhlw.go.jp.

国家中养老制度比较完善的国家之一。

经过半个多世纪的探索，日本已形成了较为成熟、完善的养老模式。随着老龄化的加速，社会养老压力增大，再加上长期的经济低迷及世界金融危机的影响，现有的养老模式面临着严峻挑战。从制度方面看，日本选择的是重视家庭和社区在社会保障中作用的"日本型的福利道路"，其社会保障的法律制度健全，为养老模式的法制化、规范化起到了保障作用，也积累了丰富的经验。

第一，多年探索的结论是居家—社会型养老模式最适合日本的国情民意。为此，政府积极提倡并推广此模式，重点满足老人对护理服务的需求。日本的养老服务主要由三部分组成：政府为主导力量占60%~70%，政府资助的民间组织及由大学生、家庭主妇和健康老人组成的志愿者。政府在大学开设老年护理专业，护理人员持证上岗，并出资培训家庭护理员，强调服务的专业化，满足老年人的精神追求。2011年再一次改革，目的是保证居家养老的老年人同样能够享受到机构养老的安全、安心、高质量的服务，使居家养老模式更具人性化、个性化和优质化。

第二，鼓励民间成立福利机构，推动养老模式的多元化。为了减轻沉重的财政负担，政府鼓励企业建设个性化的商业养老院。随着老龄人口日益增多，近几年又在积极推广适合各个年龄段居住的大型混合社区，既有利于两代人间的沟通、照顾，又有利于老年人身心健康。加快建设适合老年人护理需要的、服务设施齐全的老年人住宅，达到了按需养老。

第三，设立700亿日元的长寿福利社会基金，推出"银色住宅计划"。由日本国土交通省住宅局和财团法人高龄者住宅财团编纂的有针对性的、适应老龄化社会的居住设计通则《老年住宅设计手册》在全国推广，同时，政府推出低价的"三代同堂"式住宅，并提供优惠贷款。

从制度结构看，由于日本的年金、医疗护理保险制度健全，经济赡养已不是主要问题，日常生活的照料和护理成为居家养老的最大难题。《护理保险法》的实施成为养老模式改革成功的有力保障，较好地解决了这个问题，把老年人护理交给专业人员去做，使传统家庭的护理功能社会化。2011年对《护理保险法》再次修改，建立了医疗、护理、预防、居住生活服务一条龙的社区长期照顾体系。为了随时、准时掌握动态，从1993年开始，日本政府每5年就生育状况、老年人数量、抚养及护理状况进行全国范围普查，及时调整各项养老政策与制度，使之适应社会的进步和发展。

2. 英国与德国

在对退休模式的跨国差异研究中，对退休的定义一般解释为由国家、工作场所以及社会人口因素所决定的机会结构下的一种个人决策。现有文献将影响退休决策的因素分为三类："拉动""推动"和"保留"因素。拉动因素是指引起主动退休的因素，通常指经济因素，是指国家福利系统所提供的一种退出劳动市场的机会，这种机会往往具有经济上的吸引力。布朗多和斯卡皮塔（Blondal & Scarpetta，1999）的研究表明，一些国家针对提前退休政策，提供保险类鼓励措施，同时这些国家也往往会表现出较低的老年就业率。企业年金的实行也产生了额外的激励因素。这些激励因素可能会相互影响，最终形成强烈的退休刺激源（Dorn & Sousa – Poza，2010）。与之相反，推动因素在这里是指被动退出的因素，假设由工作到退休的决定不是简单地在给定的财政约束下进行的，而是存在某些因素迫使员工不考虑自身的偏好而做出的选择。近些年来，为缓解老龄化带来的压力，各国政府实施的以保留老龄员工为目的的政策取得了显著成果。这些保留因素或者积极的政策旨在提高（老龄）员工的可雇性（van Berkel et al，2007），诸如此类的因素包括终身学习理论和积极的劳动力市场政策。尽管如此，并不是所有的老龄员工都能从中获得相似的好处（Blossfeld et al，2011）。这是因为在获取和参与终身学习方面，人与人之间存在严重的偏差，特别是在终身学习率较低的情况下，接受过高等教育的人在终身学习方面会明显高于教育程度低的人（OECD，1999）。此外，尽管工作变化或日常工作的变化会使得员工保持学习动力，但实际上的提升效果却很低，这主要是由于员工更为担心的是退休收入的安全而不是终身学习本身（Maitland，2010）。最后，雇主干涉患病员工退休的类似问题虽然已经引起了广泛关注，但是相对应的措施却难以对那些手工业者实施（Weyman & Buckingham，2013）。

无论是制度沿袭还是最近的政策发展，德国、英国和日本在"拉动""推动"以及"保留"这三个因素方面都体现出明显的差异。鉴于此，我们选取这三个国家作为研究对象。这些制度和政策差异形成了不同的退休模式并影响了国家内部不平等的性质。在日本，传统的退休年龄比较高，就业率在西方国家之上。因此，日本被认为是具有较迟退出机制的国家。自 20 世纪 50 年代以来，日本宏观经济所面对的一个主要的挑战是对熟练劳动力的补给和保留。因此，针对该问题在雇主人力资源方面的实践开始出现，包含提供长期工作保障、基于年龄的薪酬制度和强制性退休规则。雇主可以设置强制退休年龄，起初退休年龄设置为 55 岁，直到 1994 年变为 60 岁，预计将在 2015 年逐步上升到 65 岁（Oka，2013）。然而，虽然雇主担心技术流失，在没有政府资助以抵销高额的老龄劳动力成本的情况下，他们也不愿意留住老龄员工（Seike & Yamada，2004）。因此，在雇员达到退休年龄时，雇主常常采取调职的办法将老龄员工在岗位内进行调换，或者移至其他岗位。此外，在日本，中小型企业会通过雇用老龄离职工人以弥补技术短缺的问题（Casey，2005）。然而，这些做法常常会伴随着明显的降薪、降职和工作安全的缺失（Oka，2013；Yamada & Higo，2011）。自 20 世纪 60 年代以来，工人可以在在职期间领取养老金，这一政策使得政府在降低养老金成本的同时不造成老龄贫困（OECD，2011）。因此，尽管日本政府并没有推行制度上或者金融方面的提前退休计划，但公司层面的强制退休规定仍在实质上形成了"提前退出"的企业文化。当代公共政策试图通过延长退休年龄至 65 岁以延长员工工作年限。

与日本不同的是，德国一直以来都采取提前退休制度，这一情况直到近些年才开始转变。直到 2000 年，德国劳动力市场中 50 岁及以上者占比较低。部分原因是劳动力市场和国家福利政策都以降低青年劳动力的失业率和为企业提供社会认可的裁员方式为目标（Trampusch，2003）。近些年来，强劲的内部劳动力市场、高度的雇主参与度、工作保障以及愈发完善的教育体系共同创造出新型的劳动力市场结构。在这一结构下，拥有现代技术和低工资的青年劳动力比失业老龄劳动力更受欢迎（Blossfeld et al，2006）。尤其针对低技能员工，在经济条件许可时，雇主往往会采取措施以激励提前退休。直到最近，这些"推动""拉动"因素在政治环境的变化中才开始转向"积极老龄化"。为减少提前退休政策的经济吸引力、取消由国家资助的提前退休途径，养老金和福利系统做出了相应的改革（Muller – Camen et al，2011）。政府还针对老龄人群实行积极的劳动力市场措施。尽管如此，德国并没有将重点放在终身学习措施上，在现实层面，低技能的员工也往往被排除在一系列的积极老龄化政策的目标之外。

　　和欧盟内其他国家不同，英国自从1998年开始便不再提供由国家资助的提前退休政策，但职业养老金仍用于支付提前退休，尽管适用范围只是那些被选定的、拥有完整工作经历的、接受过高等教育的个人（Fasang，2010），以及和特定职业群体如钢铁行业相关的人（Banks et al，2008）。政府在社会供给和工作场所监管方面发挥着最小作用。劳动力市场本身以及特殊工作技能的获取都是十分灵活的，因此可以适应不同年龄段的市场需求变化。此外，2006年颁布的就业平等法规，现指《平等法案（2010）》，明确禁止关于工作年龄的歧视（该法规的制定基于欧盟2000年颁布的2000/78/EC指令）。从2006年开始，政府一直计划让雇主开展无强制退休年龄的管理。自2011年起，只有在工作规范中有具体规定时，强制提前退休才被视为合法。目前，国家养老金的年龄定在65岁，预计未来会逐步提高。虽然英国相较于德国，并不具有提前退休制度，然而，英国相对较高的老龄员工保留率，使得公共政策或者由雇主发起的保留老龄员工政策相较于日本更少。与其说是继续就业，在英国，延迟退休更是一项个人财政需求，因为国家养老金只占养老金支出的42%，剩余的大部分养老金来自企业年金计划（OECD，2011）。特别是对低技能员工来说，他们往往只能获得公共养老金计划，这给在职者带来了经济压力；随着公共养老金资格年龄的进一步提高，这一趋势预计会增加（Lain，2012）。

　　在解释退休模式转化过程中，很难衡量这些主动的（拉动）、被动的（推动）和保留因素的重要性。因此，很多研究都关注退休转化本身，并通过评估协变量的影响间接地确定其特征。比如，低技能员工提前退休可能意味着劳动力市场压力普遍较高，从而属于被动退休（推动因素）（Blossfeld et al，2006）。然而，在区分这些因素的类别的时候，由于因素的含义模糊不清等原因，也会造成无法准确评估各因素的所属类别的结果。譬如说，低技能老龄员工提前退休，这种情况同样有可能是由于相关的提前退休政策的经济吸引力（拉动因素）所造成的。因此，通过研究解释变量对于退休行为的影响，无法确定真实的退休原因。此外，提前退休这一现象往往是推动和拉动因素共同作用的结果（Reeuwijk et al，2013）。

从公共政策视角来看，我们必须承认取消相应的提前退休激励政策不一定会导致老龄员工推迟退休，因为那些处于高体力要求和高压岗位的员工即使在没有经济鼓励的条件下，仍然会选择提前退休（DePreter et al, 2013）。此外，关于退休转化的结论并不一定要与个人本身的观点相一致。那些为了获得丰厚经济补助的提前退休者，在没有其他可选选项时，并不认为这是一个自由的决定（Quine et al, 2007）。

为了解提前退休行为的本质和驱使因素，我们需要更多关于影响个人退休决定的实际动因的信息。然而，相关的衡量标准在近期才被确定，在欧洲健康、老龄化和退休情况的调查中，就包含了一个区分退休原因的指标（Koenen et al, 2009）。通过使用该指标建立了自愿退休和非自愿退休的类别。自愿退休是指因为个人或者健康原因而选择退休，也包括那些有工作机会的，在达到退休年龄后仍然选择退休。相反，非自愿退休是指个人被解雇或者被提前退休，他们在达到退休年龄后并没有继续工作的机会。

英国、德国和日本的制度和政策显示，不同国家在限制提前退休制度上表现不同，因此我们假设德、英、日在退休转化进程中也存在差异。基于对此前的各国制度政策背景分析，可以预测日本员工将最晚退休，其次是英国员工，德国员工最早退休。这也是要验证的第一个假设（假设H1a）。此外，我们预期退休转化的选择程度在日本最高（在日本，个人调职合同允许员工根据个人喜好进行灵活的退休转化），在德国最低（在德国，相对较僵硬的劳动力市场阻碍了再就业），英国处于中间水平（假设H1b）。此外，我们还进一步假设：个人因素会影响退休转化。分析的个人因素将包含：人力资本，性别，出生年代。然而，这些因素的影响可能在不同国家表现不同。这是因为，制度配置的差异可能使得特定人群做出不同的退休决定。用最高学历来替代人力资本的衡量，并预计在德国，中低教育水平的员工最容易出现非自愿退休，因为他们在僵化的劳动力市场体系中处于劣势。这种趋势在英国可能较弱，特别是技能较低的员工，因为他们在英国有更好的机会去适应不断变化的劳动力市场需求。必要的话，他们也可以选择工作更长的时间（McNair et al, 2004）。由于低技能员工更多的是为了满足经济需求而参与工作，这使得他们与具有高技能的员工相比，可能具有更高的非自愿退休水平。因为后者通过结合不同的老龄收人资源，在退休转化过程中具有更大的选择权。在日本，预计在到达养老金年龄之前，具有中低教育水平的人群可受益于调职机会。然而，在达到正式退休年龄之后，教育水平不同的群组之间会出现愈发明显的差异（假设 H2）。

鉴于女性通常会更早地提取出她们的养老金（尤其在德国和英国）并且比男性展示出更强的劳动力市场边缘依附度（尤其在德国和日本）（Blossfeld et al，2006；Abe，2011），我们将进一步预测在退休过程中存在性别差异（假设 H3）。根据劳动力市场依附度的差异，预期自愿退休程度将会在各国呈现出不同结果：德国和日本的女性自愿退休水平（相较于男性）将高于英国。一直以来，德国和日本都被称为是"男性养家糊口"的社会（Blossfeld et al，2006；Abe，2011），而女性的退休通常是出于个人/家庭原因，很少受到公司主导的退休计划影响。此外，预期随着时间的变化，工作向退休的转化会有所不同，由于退休政策制度由鼓励提前退休到鼓励延长就业年限的调整，在 21 世纪内人们的退休时间将会晚于 20 世纪 90 年代（假设 H4）。同时，我们还进一步预期，随着时间的推移，非自愿退休的发生率将下降。这是因为制度改革使得个人可以选择工作得更久，到更高的年龄退休，并且在退休决定中存在更多的个人选择空间。从三个国家的角度来看，预期退休政策向鼓励延长就业的转变将会对德国产生最大影响，因为德国的制度化提前退休政策由来已久、根深蒂固，在公共政策方面的变化也是最为显著的。英国和日本并没有推行程度相似的制度化以及国家资助的提前退休政策，因此较之德国所受影响更小。

最后，我们测试了社会人口特征和时间之间的跨水平交互作用。因为不是所有的工人都能同等地从"积极老龄化"的措施中受益（Blossfeld et al，2011），我们假设社会不平等会随着时间推移而加剧（假设 H5）。这种影响尤其可能发生在教育方面。关于德国，我们假设那些具有低教育水平的人群相较于中等教育水平的人群更有可能因为经济原因而持续工作。与此同时，此类人群这种持续工作的机会也会受到限制，因为终身学习的推行措施大多集中在了那些具有更高教育水平的人群身上。因此我们预期，那些只具有低教育水平的德国员工对延长工作时间的期望最高，但是机会也最少，由此导致更高的非自愿退休的发生概率。鉴于英国终身学习的传统（McNair，2010）以及日本政府提供多种支持性政策，以上情况预计不会发生在这两个国家。

第二节　经验验证与启示

一、数据以及方法

使用三个关注老龄人口雇佣和生活条件调查的全国性调查。德国方面的研究，使用的是"健康、老龄化和退休情况调查"（SHARE）。这一调查针对 20 个欧洲国家 50 岁以上人口进行了纵向面板跟踪，提供了关于就业和退休决策方面的代表性信息。我们使用的是 2004—2005 年（第一波）和 2006—2007 年（第二波）的混合数据。对英国的研究，使用"英国老龄化纵向研究"（ELSA），这是一项针对 50 岁以上人口所进行的代表性纵向调查。由于 2008 年一些个人数据不可用，我们只使用了前三波的数据（2002 年，2004 年，2006 年）。关于日本的研究，使用的是"健康、老龄化和退休研究"（JSTAR），覆盖日本 5 市。第一波于 2007 年进行，其后跟进的是 2009 年产生的数据。由于分析退休动机的项目在 2009 年有所变化，分析主要使用 2007 年的数据。分析着重在 2008 年金融危机之前，因为 2008 金融危机后，欧洲国家经济和劳动力市场受到重创，欧洲提前退休政策开始在很多地区再一次兴起（EUROFOUND，2012）。因此，2008 年之后关于工作和退休决策较 2008 年之前受更多复杂因素的影响，并且由于相关信息的缺失，这些因素在现有的数据中还不能体现。

考虑的主要因变量是退休年龄和自报退休原因。虽然发生在调查期间的退休转换不能完全覆盖公共政策从"提前退休"到"积极老龄化"这一整个时间段（EC 2001《里斯本条约》的发布和 2002 年《马德里老龄问题国际行动计划》证实了英国和德国政治环境的变化），但调查提供了以往退休时间和退休动机的数据，可以弥补这一不足。为减少由于记忆可能产生的差错，研究样本选取了退休不到 15 年的人群，并观测这一人群退休转换时期的跨国差异及其随时间变化的发展情况。虽然由于最新的可用和可比的三国数据的缺失，无法捕捉最近几年的数据，但是通过比较三个国家制度政策的变化及其对退休行为的影响，仍然可以突破现有的文献，因为到目前为止，相关文献大多关注一个体制制度下的转化过程（Blossfeld et al，2011）。由于使用的数据一部分是回溯数据，因此本研究的局限之一是缺少随时间变化而变化的解释变量。实证分析部分包含的解释变量为时间常数变量（如性别、年龄等）、非时变因素（如最高受教育程度）以及进入完全退休前的最后雇佣关系的信息（如公司特征）。根据以上挑选标准，英国的 ELSA 提供了不加权重的 5172 份样本（2617 位男性，2555 位女性），德国的 SHARE 包含了 1549 份样本（909 位男性，640 位女性），日本的 JSTAR 提供了 892 份样本（468 位男性，424 位女性）。

实证分析的退休时间为调查问卷中自我报告上的永久性退休时间。这一变量比用第一张养老金收据定义退休时间更加适合本部分的研究，因为这一时间反映了国家的政策而不是实际退出岗位的时间。关于退休的自我报告式评估避免了从外部定义退休时所遇到的困难。当在退休或退休期间工作已成为普遍现象时，从外部定义退休时间就变得很困难。此外，三个国家的数据都无法提供被访者是否在退休之后重新就业的信息，在这种情况下，自我评估能提供更为准确的退休时间。因此，我们将 ELSA 和 JSTAR 中收集的自报退休年龄确认为变量退休年龄，并根据 SHARE 所提供的受访者最后一份工作结束的年份以及其出生的年份，构建退休年龄变量。为剔除一些提前支取和延迟取款的极端情况，我们进一步将研究限制在 50 岁到 70 岁的人群。

关于退休理由的信息，三个调查数据都提供了回顾性信息。基于这些信息，将退休理由分为两大类：自愿退休原因和非自愿退休原因。除了一些国家所特有的情况需要分情况具体分析外，总体而言，达到领取养老金的资格一般被视为自愿退休原因，并假设因为这一原因而退休的员工尽管可以选择继续工作，但还是期望退休。但只有德国的数据明确区分了员工有机会继续工作的情况（自愿）和员工没有机会继续工作的情况（非自愿）。类似的逻辑适用于德国基于企业层面的提前退休计划，也适用于日本调职的实践（Casey，2005）。由于个人原因而做出的退休决定被视为自愿退休行为，而由于健康问题、裁员、解雇或者工厂倒闭所引起的退休被视为非自愿行为（Koenen et al，2009）。在英国和日本，那些试图去找工作而没有找到，最终选择退休的人也被认为是非自愿退休者。

关于社会经济地位在退休决策中引起的不平等问题，引入了一系列社会人口学特征来控制这类因素。考虑到年龄的差异，我们引入四个虚拟变量以反映50岁到69岁的年龄段（包括：50～54岁，55～59岁，60～64岁，65～69岁）。这些分组反映了可以获得养老金的典型年龄段。在英国，2010年以前，男性和女性最早可以领取全额国家养老金的年龄分别是65岁和60岁。在20世纪90年代，德国允许那些已经达到55岁的员工选择提前退休。然而在日本，在60岁之前退休是很少见的，因此在有关日本的研究中合并了50岁到59岁的两个虚拟变量。最高教育程度的变量可以反映每个人所拥有的社会资本，我们构建了三个相关虚拟变量，包括：初中及以下学历［国际教育标准分类（ISCED）0－2］；高中教育（ISCED 3－4）和高等教育（ISCED 5和更高）。性别也由一个虚拟变量表示。除此之外，时间段变量在20世纪90年代和21世纪的退休转化阶段表现出不同，这是由于政策逐渐从20世纪90年代的提前退休转化到21世纪的积极老龄化，并且在这期间退休模式始终在变化。通过引入虚拟时间变量和上述特征之间的交互效应来考察相应影响是否随时间而变化。

为解释跨国经济结构上的差异，将公司层面的变量纳入考察范围。根据工作场所的员工数量，我们将公司规模分为小型公司（0～24个员工）、中型公司（25～199个员工）和大公司（200个及以上员工）。另外一个公司层面的变量为产业，分为第一、第二和第三产业。我们的实证分析部分使用多类别逻辑回归模型来分析自愿和非自愿退休的可能性。为比较样本之间的关系（Mood，2010），使用边际效应来提供一种量化的度量方法，即自变量变化一单位会引起因变量发生多大的变化（不包括交叉项）。对于交互项而言，在非线性模型中，交叉项的边际效应的求解方法与线性模型中的求解方法不一样，用于计算边际效应的方法并不适用于交互项。所以，我们还计算了所有解释变量（包括交叉项）的比值比（odds ratio）。比值比说明了解释变量的单位变化所引起的因变量变化比率。如果比值比等于1，则说明解释变量的变化不会影响自愿退休的可能性；如果比值比（小于）大于1，则说明解释变量的变化将增加（减少）自愿退休的可能性。

二、实证结果

（一）描述性统计结果

表5-1给出了有关平均退休年龄和自愿退休占所有退休人群比例的统计学描述结果，旨在通过分析性别、年龄、教育程度和其他公司特征所带来的差异反映社会不平等问题。由于很难界定健康原因是否为非自愿退休原因，因此，表5-1分别给出了将健康原因包括和不包括在非自愿退休原因内的两组结果。

表 5 - 1　描述性统计分析

因素	平均退休年龄			非自愿退休占所有退休的比例（%，健康问题作为非自愿退休原因）			非自愿退休占所有退休的比例（%，健康问题不作为非自愿退休原因）		
国别	德国	英国	日本	德国	英国	日本	德国	英国	日本
男性	60.03	61.6	62.79	52.4	44	42.5	42.2	30.1	22
女性	58.98	60.1	61.48	40.2	43.6	30.5	28.8	×××	—
50~54 岁	—	—	—	73	49.3	×××	55.5	36.8	×××
55~59 岁	—	—	—	78	55.3	×××	72.8	37.7	×××
60~64 岁	—	—	—	39.7	54	40.2	30	38.7	27.3
65~69 岁	—	—	—	11.7	44.6	36.8	2.8	29.8	10.2
1990—1999 年退休	59.22	60.54	60.58	48.1	44.6	37.6	41.5	30	26.9
2000—2008 年退休	60.05	61.3	63.58	45.7	41.8	44.6	37.7	28.2	19.3
没有受过教育	×××	61.58	×××	×××	47.9	×××	×××	31.2	×××
初级教育程度	60	60.69	63.6	42.2	42	50.8	28.7	28.9	27
中级教育程度	59.37	60.62	62.49	49.9	39.3	39.4	40.6	28.1	19.5
高级教育程度	59.87	59.58	61.97	42.7	38	32.7	32.8	26.5	19.6
小型公司	59.46	NA	64.1	43.9	NA	42.2	31.6	NA	133
中型公司	59.36	—	62.4	55.6	—	45.2	47.4	—	30.1
大型公司	58.61	—	61.9	60	—	35.4	54.2	—	25.5
国有部门	59.46	—	NA	48.7	—	NA	39.5	—	NA

续表

因素	平均退休年龄			非自愿退休占所有退休的比例（%，健康问题作为非自愿退休原因）			非自愿退休占所有退休的比例（%，健康问题不作为非自愿退休原因）		
国别	德国	英国	日本	德国	英国	日本	德国	英国	日本
第一产业	59.19	—	—	48.2	—	—	44.9	—	—
第二产业	59.27	—	—	52.4	—	—	42.7	—	—
第三产业	59.48	—	—	47.1	—	—	35.9	—	—

注：×××代表由于样本数太少无法计算，NA 代表无法获取相关数据。

统计学描述结果表明，从 20 世纪 90 年代以来的所有退休情况来看，德国的非自愿退休情况主要发生在 50 多岁，事实上也正是在这个年龄，大多数雇主主导的退休转换开始出现，比如解雇行为，反映了德国由来已久的提前退休传统。退休后员工通常使用职业养老金来弥补提前退休的成本，职业养老金在德国的持续重要性也进一步表明，公共政策的转变还没有充分影响到公司层面的政策。与此前的假设一致，性别造成的差异表明，发生在德国的非自愿退休主要集中在男性群体，这反映了男性更易受到制度化提前退休计划的影响。除此之外，考虑到过去 20 年间德国较高的退休年龄以及他们在高体力需求工作方面更加频繁的雇佣，男性将面临更多出于身体健康方面的退休风险。

教育背景方面，总体来看，受教育程度高的人相对受教育程度低的人退休年龄较低，这可能因为他们通常有更好的公共或职业养老金。非自愿退休率在受教育程度中等的人群中最多。这可能是因为和接受过高等教育的员工相比，他们缺乏可转换的人力资本，也没有积累足够的工龄来领取公共养老金。因此，当公司采取措施推动员工退休时，这一群体所受的影响最大。

对公司层面的控制变量的研究结果表明，非自愿退休在大型德国企业尤为常见，这可能是因为这些公司面临更高的要求和更容易实现提前退休计划。最后，在 1990—2000 年，非自愿退休的发生率确实有所下降，这表明在"积极老龄化"制度与总体有利的经济条件相结合的情况下，年龄较大的雇员更有可能达到公共/职业养老金资格年龄，并自愿退休。

来自 ELSA 的数据结果表明，英国和德国在退休时间和原因上存在显著差异。正如所预期的，英国男性和女性的退休时间较迟。此外，英国的非自愿退休发生率比德国低 10% 左右，这反映了英国的自由市场导向和更灵活的劳动力市场政策。与德国一样，英国女性比男性更早退出就业，因为女性可领取社会养老金的年龄更低（女性为 60 岁，男性为 65 岁）。然而在非自愿退休发生率上无性别差异，无论男女平均发生率都在 40% 左右。

德国和英国在不同年龄层也呈现出差异。与德国的倒 U 形模式不同，英国的非自愿退休年龄差异较小。即使是那些超出公共养老金领取年龄的人中也有相当比例称其为非自愿退休。这是因为在英国，公共退休年龄在员工的退休决策中的重要性不及德国（Leisering，2003）。相反，在英国，当个人经济条件允许时，退休时间根据情况而定。英国的平均退休年龄随着教育程度的提高而下降，而这些工人往往自愿退休，特别是通过职业养老金计划。受教育程度低的工人更容易面临劳动力市场的风险，包括裁员和健康问题。因此，退休决定更多是取决于财力状况，而不是制度化养老金的要求。这给那些能够负担得起退休后生活的人提供过了更好的选择。然而那些经济状况不佳的员工，即使劳动力市场不景气或者健康状况不佳，仍然需要继续工作。最后，对不同时期的比较表明，与德国类似，英国非自愿退休的发生率在年轻人中有所下降，尽管这种影响相当轻微。

日本方面，我们分析的问题之一是报告中提及的劳动力市场退出行为所体现的性别差异。男性的回答基本上为已经从就业状态转化为退休状态，而女性在报告中则反映，即使在 50 岁时重新就业，他们也已经从就业状态转化为"照顾家庭"的状态，相同结果还可参考市村真一和清水谷（Ichimura & Shimizutani，2012）的研究。这些结果反映了劳动力市场总体上对女性呈现出疲软状态，她们大多被排斥在终身雇佣制之外（Abe，2011）。由于问卷的筛选作用，这种比较特殊的回答使得大多数日本女性并未被问及关于"退休原因"方面的问题，取而代之，她们填写了关于"照顾家庭"这一分类的问答，但是这些无法和工作有关的动机做比较。为了提高跨国研究结果的可比性，仅使用了日本男性的数据。

三个国家的对比表明，相较德国和英国，日本的退休行为呈现出显著差异。日本退休时间最迟,平均退休年龄为 62 岁。日本员工很少在 60 岁之前退休,退休高峰通常发生在 60 岁和 65 岁。大约有 20% 的员工在超过 65 岁之后仍在工作。与此前的假设一致,与德国和英国相比,日本的退休转化表现出更为自愿的状态。然而,国家内部却存在差异。受过高等教育的日本男性比那些受过较低教育的人更早、更自愿地退休。一种可能的解释是,接受过高等教育的男性能够更好地负担退休后的生活,同时他们在 60 岁后所获得的调职/再职机会也更多,因而他们在做退休决策时有更大的选择空间。那些受过较低教育的人因为经济原因,需要工作更长的时间。

公司层面的数据表明,小公司的平均退休年龄最高,但非自愿退休比率较低。在大公司,员工退休年龄更小,并且非自愿退休比率更高。1990—1999 年期间与 2000—2008 年期间的平均退休年龄对比发现,退休年龄呈现更高的趋势,相同结果参考清水谷(Shimizutani,2011)的研究。

(二)多元回归分析结果

表 5-2～表 5-4 提供了对德国、英国和日本相关数据进行多因素回归分析的边际效应和比值比。从表 5-2 对德国的分析结果来看,多元回归分析结果与描述性分析的结果一致。

表 5-2 多元逻辑回归分析结果—德国

因素	自愿退休(包括健康原因)		自愿退休(不包括健康原因)	
	边际效应	比值比	边际效应	比值比
年龄(缺省:50～54 岁)				
55～59	0.036	1.22	−0.026	0.84
60～64	0.388 ***	9.13 ***	0.330 ***	8.36 ***
65～69	0.684 ***	48.56 ***	0.832 ***	205.74 ***
70 +	0.073 ***	1.53 ***	0.091 ***	1.82 ***
性别(缺省:女性)				
男性	−0.63 ***	0.40 ***	−0.156 ***	0.37 ***
教育程度(缺省:初级)				
中级教育水平	0.085 ***	1.78 ***	−0.10	0.64 *

续表

因素	自愿退休（包括健康原因）		自愿退休（不包括健康原因）	
	边际效应	比值比	边际效应	比值比
高级教育水平	0.116 ***	1.3	0.048 *	0.62 *
退休时段（缺省：2000—2008 年）				
1990—1999 年	0.098 ***	1.76 **	0.083 ***	1.01 ***
公司规模（缺省：中型公司）				
小型公司	0.055 ***	1.35 ***	0.112 ***	2.04 ***
大型公司	0.055 **	1.36 **	0.060 ***	1.42 **
公司产业（缺省：第一和第三产业）				
第二产业	− 0.017	0.91	− 0.015	0.9
公司部门（缺省：私有部门）				
国有部门	0.021	1.13	0.054	1.41 ***
交叉项：				
中级教育水平 *（1990—1999 年）		0.87		1.61 *
高级教育水平 *（1990—1999 年）		1.72 *		2.70 ***

注：*** 代表在99%统计学水平上显著；** 代表在95%统计学水平上显著；* 代表在90%统计学水平上显著。

　　自愿退休大多发生在 60 多岁的人群。非自愿退休更多地发生在男性群体和那些接受较低教育的群体中。然而，一旦因健康原因而发生的退休被排除在外的话，后者的影响力就会降低。这表明，如果健康状况允许，员工会选择工作更长的时间，这使得他们有可能通过正规的养老金途径退休，享受更多的选择自由。然而，鉴于德国相对慷慨的残疾人福利，即使接受较低教育的员工由于健康原因而非自愿退休，他们也会受到经济方面的照顾。但由于退休金的改革已经使得与残疾相关的早期退休途径被取消，因此这种情况可能会发生改变。时间因素和教育因素之间的相互作用表明，接受高等教育的员工所具有的优势已经减弱，从 20 世纪 90 年代开始，非自愿退休的可能性逐步增加。公司层面的决定因素显得不那么重要。小公司员工自愿退休率和大公司一致。值得注意的是，这种积极的效果只在教育受到控制时才能体现，这表明大公司高比例的非自愿退休率很有可能是由于企业拥有不可转移的技巧所引起的。

表5-3展示了关于英国的研究结果。这些结果再次证实了描述性分析的结果。

表5-3　多元逻辑回归分析结果—英国

因素	自愿退休（包括健康原因）		自愿退休（不包括健康原因）	
	边际效应	比值比	边际效应	比值比
年龄（缺省：50~54岁）				
55~59	-0.022	0.906	-0.02	0.992
60~64	0.034	1.161	0.014	1.062
65~69	0.175***	2.097***	0.150*	1.944*
70+	0.309***	3.804***	0.245***	3.270***
性别（缺省：女性）				
男性	-0.049***	0.810***	-0.044**	0.804**
教育程度（缺省：初级）				
中级教育水平	0.014	1.065	-0.004	0.978
高级教育水平	-0.040	0.839	-0.048	0.772
没有受过教育	-0.132***	0.567***	-0.112***	0.568***
退休时段（缺省：2000—2008年）				
1990—1999年	-0.210***	0.407***	-0.184***	0.398***
交叉项：				
中级教育水平*（1990—1999年）		1.436*		1.431
高级教育水平*（1990—1999年）		1.705		1.632**
没有接受过教育*（1990—1999年）		1.398*		

注：***代表在99%统计学水平上显著；**代表在95%统计学水平上显著；*代表在90%统计学水平上显著。

英国的年龄分级模式较之德国不太明显。只有当员工到了60岁或更大年纪时，而且当退休资源充沛时，退休行为才会呈现出更自愿的状态。和德国不同的是，即使排除疾病因素，接受较低程度教育的员工也大多是非自愿退休，再次证实了自由退休金系统中存在的冲突，而这一冲突主要来源于：为满足经济需求而继续工作，但却因健康水平以及人力资本有限而难以继续工作。随时间变化的趋势表明，自愿退休的可能性有所增加。但与我们预期相反的是，不同受教育水平的群体之间差异性在减小。一旦将涉及健康原因的退休选择排除时，上述效应就会消失，这说明无论在哪个受教育水平的群体中，健康水平都恶化了。

表5-4提供了日本方面的研究结果。由于样本量较小（因为排除了女性），结果并不明显。但是，相关结果还是再次证实了当员工到了60岁或更大年纪时，自愿退休的情况会达到高峰期。分析结果还进一步印证了低学历员工的弱势地位，与描述性统计相一致，这部分人群往往面临更高的非自愿退休风险。

表5-4　多元逻辑回归分析结果—日本

因素	自愿退休（包括健康原因）		自愿退休（不包括健康原因）	
	边际效应	比值比	边际效应	比值比
年龄（缺省：50~59岁）				
60~64	0.371**	5.73**	0.249**	5.24**
65~69	0.477***	9.34***	0.419***	16.32***
70+	0.378**	5.91**	0.417**	16.10**
教育程度（缺省：初级）				
中级教育水平	0.124*	1.35	0.097*	1.54
高级教育水平	0.199	2.54	0.1	1.85
退休时段（缺省：2000—2008年）				
1990—1999年	0.119*	2.89**	0.019	1.47
公司规模（缺省：中型公司）				
小型公司	0.046	1.22	0.134	2.42
大型公司	0.111*	1.61	0.058	1.47
交叉项：				
中级教育水平*（1990—1999年）		2.44		1.61
高级教育水平*（1990—1999年）		0.73		1.05

注：*** 代表在99%统计学水平上显著；** 代表在95%统计学水平上显著；* 代表在90%统计学水平上显著。

三、结论与启示

针对由工作到退休转化的时间和动机问题，我们对英国、德国和日本进行了对比研究，研究重点放在员工是自愿退休还是非自愿退休，并认为制度环境会影响退休转换的个人选择程度和时机。分析结果表明，三个国家在 20 世纪末和 21 世纪初的平均退休年龄都有所提高。一方面这可能是反映了 21 世纪之初的经济繁荣，另一方面三个国家所发生的重大政策改革也可能导致这种趋势（20 世纪 90 年代的提前退休政策转变为 21 世纪初的积极老龄化政策）。此外，平均退休年龄在三个国家间存在显著差异。尽管德国关闭了大部分国家资助的提前退休途径，其平均退休年龄仍然早于英国和日本。在德国，由于当地公司仍然采用提前退休计划，且缺乏其他就业选择，造成了相当大比例的非自愿退休。在英国，非自愿退休的比例较德国更低。在日本，非自愿退休的发生率最低，反映了日本特有的企业文化：雇主会为雇员持续提供工作机会，直到其达到退休金领取年龄。此外，还发现了国家内部存在的差异，此种差异表明来自不同社会经济群体的员工，在面对退休时所拥有的选择权是不同的。在那些受教育水平低的员工中，德国员工处于较有利的地位，因为他们仍然可以享有选择提前退休的权利，这种权利具有一定的经济吸引力。与之相反，受教育水平低的日本和英国员工处于不利地位，因为他们需要为了解决经济问题继续工作，他们往往也处于健康不佳的状态。而且，受教育水平低的日本员工在 69 岁之后调职/再职的机会将下降。与此同时，英国低技能员工与高技能员工相比，面临着更高的被裁员风险。因此导致了，在英国和日本，受教育程度低的员工更倾向于非自愿退休。由此，国家退休金方面的社会福利影响了个人退休选择，尤其是那些低收入群体。在退休选择权方面，与女性相比，更多的德国男性是非自愿地退出劳动力市场。日本的情况比较相似，数据显示对于日本女性来说，退休转变和男性模式并不相同，她们更多地把这种转变看作是将重心逐渐转移到照顾家庭上。关于企业规模，研究结果表明，小型企业的员工比那些在中大型企业的员工具有更多的退休选择权。他们更倾向于工作更长时间，但是当健康出现问题时，他们倾向于非自愿退休。相比较而言，大公司的员工会比小公司员工更早地退休。在德国，大公司员工可以依靠正式的退休计划，而在日本，大公司员工拥有更多的调职/再职机会。最后，随时间变化的趋势表明，自愿退休的发生率在英国和德国有所增加。然而在日本，20 世纪末的退休年龄已经很高，再次延长工作的转变显然会造成更多的因健康原因而引起的非自愿退休。这表明工作年限的延长在日本将是有限度的。

　　本章重点分析了特定国家机构是如何调节员工由工作到退休的决策以及关于退休决定方面的选择权。这使得我们能够在不同的制度条件下，找出不同的问题群体。即使在经济衰退期间，一些雇主和政府尝试恢复提前退休政策，但退休模式还是会随着目前"延迟退休"政策的继续推行而发生变化。然而，从前受到庇护的群体，现在可能会遇到更多风险。在20世纪末，低技能员工可以在经济有力的条件下提前退休，但是在"积极老龄化"的政策背景下，他们渐渐失去这种选择。此外，在劳动力附着效应增加时，德国和日本的年轻女性群体会在何种情况下选择退休，这一问题仍有待观察。

第六章 结论与政策建议

我国进入老龄化社会尽管比发达国家和地区要晚许多年，但老龄化的进速更快、来势更猛，老年人绝对值数量已为世界之冠，我国的养老问题更紧迫。我国的养老模式一直处于探索阶段，由早期的养儿防老变成社保养老，近几年出现的以房养老、异地养老及地产养老等方式，都很难从根本上解决问题，我国也不可能走高福利、高财政的西方福利国家的道路。从一些发达国家养老模式改革进程看，以居家养老为基础、以社区养老为依托、以机构养老为补充的多元化养老方式比较适合我国国情。养老模式的改革不仅仅是物质方面的问题，更主要的是在保障制度的设计、养老模式的多元化及资金的监管等方面。由此，有必要汲取发达国家养老模式改革中的经验与教训，转变思路，调整方式，整合国家、企业、社区、家庭和个人各方面的社会资源，探索出适合我国国情且行之有效的养老模式。

本书基于反馈式的家庭代际关系，利用中国家庭追踪调查数据，探究了家庭年龄结构对人力资本投资的影响及其城乡、区域差异，并对比分析了老龄化对不同收入水平家庭的影响。我们发现老龄化显著降低了我国家庭的人力资本投资水平及其占家庭总支出的比重，老龄化不仅降低了家庭投资人力资本的概率，对投资量也有显著负效应。此外，回归结果中城乡虚拟变量与家庭年龄结构的交叉项系数显著为正，显示老龄化对城市家庭人力资本投资的影响更小。在使用非义务教育支出及其占家庭总支出的比重作为被解释变量的稳健性分析中，所得结论与基础回归一致。进一步将样本划分为东部、中部和西部家庭，研究发现老龄化对人力资本投资的负效应自东向西依次增大。在对不同收入阶层家庭的分析中，结果显示老龄化对低收入家庭人力资本投资的负效应显著大于中等收入家庭，而对高收入家庭的人力资本投资无显著影响。这意味着老龄化会加大我国城乡、区域和不同收入阶层间人力资本禀赋的差距，不利于缩小收入分配差距。

分析结果还表明，抚幼负担对我国家庭的人力资本投资也有显著影响，对家庭投资人力资本的概率有显著正效应，而对人力资本投资量有显著负效应，并且其负效应大于老龄化的影响。此外抚幼负担对我国农村家庭和中西部家庭的负效应显著大于城镇家庭和东部家庭，对低收入家庭人力资本投资的影响小于其他阶层家庭。抚幼负担的回归结果支持了我国家庭子女质量与数量的替代理论，意味着为缓解老龄化而采取的放松生育政策会进一步挤出微观家庭的人力资本投资。

相应的政策含义包括：在评估老龄化对我国劳动力市场的影响时，不应仅关注老龄化对劳动力数量的影响，更应重视其对我国人力资本投资和劳动力质量的负效应，这会影响我国人力资本积累和全要素生产率，进而影响老龄化条件下我国的经济增长潜力。随着老龄化加剧，我国应加大公共教育投资力度，以抵消老龄化对微观人力资本投资的负面影响。老龄化会增大我国城乡、区域和阶层间的人力资本禀赋差距，这要求我国应更加有针对性地帮扶受老龄化影响较大的农村、中西部、低收入家庭等弱势群体，提高其教育投资水平，以缩小区域和阶层间的人力资本禀赋差距和收入分配差距。由于子女数量和质量存在替代关系，且抚幼负担比养老压力对人力资本投资的负效应更大，因此我国当前为解决老龄化而采取的放松生育政策会对微观人力资本投资进一步产生挤出效应。因此应针对相关政策辅以配套措施，比如为二胎家庭提供更多的教育资助，减小抚幼负担对人力资本投资的负效应。此外，在评估老龄化对我国农村劳动力迁移的影响时，不应仅关注老龄化的就业挤出效应，更应看到我国传统的逆反哺代际模式中还存在隔代抚育机制，这会抵消就业挤出的负效应甚至促进劳动力迁移。因此应充分利用我国家庭的这一传统代际模式，在日益严重的老龄化进程中充分发挥隔代抚育的积极作用，通过促进农村劳动力转移就业提高其劳动力参与率，进一步发掘人口红利。研究发现，拥有养老保险和健康水平较高的老年人更有助于劳动力迁移，因此完善农村养老和医疗保障制度是切实有效的措施。从老年人福利角度，应认识到农村劳动力外出就业在减少老年人所获照料的同时，还会增加其照料孙辈未成年人的家务劳动，并且这一负担主要由女性和低龄老年人承担，为减小劳动力迁移对老年人带来的双重压力，应重点帮扶这部分老年人。从劳动力特征角度，老龄化对我国农村的女性、高龄和低学历劳动力迁移的负效应更显著，此外这一负效应应主要作用于资产水平较低的底层家庭。因此老龄化条件下进一步发掘农村剩余劳动力潜力，应更加有针对性地重点支持这部分劳动力转移就业。

老龄化程度提高意味着老年人口比例增大，对于老年人口来说，医疗支出是一份在所有支出中占比极大的支出。如果老年人口能在医疗上减少支出，则以家庭为单位来讲就能够将节省出来的支出用于其他方面，包括增加家庭成员中青少年的教育支出、增加家庭成员中主要劳动力的再教育支出等，从而在一定程度上促进人力资本投资的增长。同时，退休的老年人口的主要收入来源多为养老金收入，部分未进入我国养老保障体系的人群基本处于无收入的状态。建立老年人再就业体系，一方面能够利用老年人丰富的工作经验，另一方面则能提高老年人的收入。若老年人能够实现自给甚至对整个家庭收入上做出贡献，则整个家庭的可支配收入将会增加，从而能够增加其他家庭成员在人力资本上的投资，提高人力资本存量，促进未来预期终生收入的增加。

在制度建设方面，应做好以下几方面工作。

第一，养老模式改革需遵循其普遍规律。构建行之有效的养老体系需有强大的财政经济做支撑。发达国家进入老龄化社会时，人均国内生产总值一般都在 5000～10000 美元，甚至更高的水平。而中国应对老龄化的经济基础相对薄弱，总体经济增速放慢的背景下，养老费用等社会保障支出的刚性需求却在不断增加，如何解决养老费用支出增加与财政收入之间的矛盾，成为摆在我们面前的难题。尽管养老属于个人家庭的问题，但其涉及面广、牵扯的人多，其制度的设计既要普及，更要公平，必须依赖国家层面设计，养老模式的探索、老年服务与机制的创新及财政的投入等均离不开国家的制度制定、改革与推行。

第二，完善养老服务体系，创新养老服务方式。改革开放以来，中国经济社会发生了重大变革，已打破了过去"养儿防老"的传统观念，家庭养老不再是最适合的养老模式。受传统的家庭伦理观念影响，目前大多数老人不愿离开自己的家庭和社区，希望居家养老。以往我们主要注重机构养老工作的推进，居家养老相对迟缓。而居家养老改革的关键是为老人提供周到的家政服务和保健服务等各种辅助性服务；利用现有的社区服务机构，增加其养老功能；加大对物业部门的扶持力度，使其承担部分养老服务功能。物业管理部门遍布我们的社区，而且，物业部门具有信息资料齐全、24 小时不离居住区等有利条件，完全可以成为居家养老的潜在资源。政府应加大对物业部门的扶持力度，强化其提供养老服务功能。借助互联网大数据的平台，创新养老服务新模式。互联网大数据时代给中国养老模式改革带来了新的机遇，利用互联网大数据平台进行创新，把传统的养老模式转化为互联网商业模式的健康居家养老，把电子商务模式与居家养老服务新模式有机结合，完善居家养老服务模式，以政府、社会和社区紧密相连，利用互联网技术和大数据思维科技手段促进养老服务简捷化、系统化。

第三，建立老年护理保险制度势在必行。从政策环境方面看，目前我国老龄化程度虽然还比不上西方一些发达国家那样严重，随着家庭趋向小型化，独生子女家庭增多，妇女广泛就业，老年人寿命延长，老人在身体衰弱不能自理之际，将出现难以完全依靠家庭护理老人的趋势，依靠社会力量护理老人的比例将会越来越大。而仅靠养老金和医疗保险根本无法满足老年人的护理需求，建立护理保险制度成为必要。养老体系的构建不仅需要强有力的制度政策作保证，而且是需要有强大的专业人才及管理制度保障的复杂社会工程。应加强专业人才队伍的建设，强化管理机制。提高养老机构服务人员技术和管理水平培训，建立健全老年人护理服务质量评价及价格确定机制。改变我国目前养老机构及管理水平低、专业人员缺乏的现状。加强行业监管力度，保护老年人权益，解决好养老问题要依靠制度建设，紧密结合我国老龄化社会发展阶段，将养老保障、医疗保健、护理服务、精神文化生活等都纳入法律保护体系中来，完善行业规范、行业标准，加强社会的监督力度，形成比较系统的老年人权益法律保障体系。

主要参考文献

［1］ ALDERS, PETER, BROER, et al. Ageing, Fertility, and Growth ［J］. Journal of Public Economics, 2005 (89): 1075 – 1095.

［2］ AQUILINO W. Family Relationships and Support Systems in Emerging Adulthood ［M］. Washington, DC: American Psychological Association, 2006: 193 – 217.

［3］ ARROW K J, LEVIN S A. Intergenerational Resource Transfers with Random Offspring Numbers ［J］. Proceedings of the National Academy of Sciences of USA, 2009, 106 (33): 13702 – 13706.

［4］ AZARIADIS C, LAMBERTINI, LUISA. Endogenous Debt Constraints in Lifecycle Economics ［J］. The Review of Economic Studies, 2003, 70 (3): 461 – 487.

［5］ BALESTRINO, ALESSANDRO. Education Policy in a Non – altruistic Model of Intergenerational Transfers with Endogenous Fertility ［J］. European Journal of Political Economy, 1997 (13): 157 – 169.

［6］ BECKER, GARY S, MURPHY, et al. Human Capital, Fertility and Economic Growth ［J］. Journal of Political Economy, 1990, 98 (5): 12 – 37.

［7］ BINSTOCK R H. From Compassionate Ageism to Intergenerational Conflict? ［J］. The Gerontologist, 2010, 50 (5): 574 – 585.

［8］ BLOOM, DAVID E, EGGLESTON K N. The Economic Implications of Population Ageing in China and India: Introduction to the Special Issue ［J］. The Journal of the Economics of Ageing, 2014 (4): 1 – 7.

［9］ CAI, WANG, LI, et al. China's Age of Abundance: When Might It Run Out? ［J］. The Journal of the Economics of Ageing, 2014 (4): 90 – 97.

［10］ CHI I, MERRIL S. Intergenerational Family Support for Chinese Older Adults ［J］. International Journal of Social Welfare, 2011 (20): S1 – S3.

［11］ CHOU R J A. Filial Piety by Contract? The Emergence, Implementation and Implication of the "Family Support Agreement" in China ［J］. Gerontologist, 2011 (51): 3 – 16.

［12］ CONG Z, SILVERSTEIN M. Intergenerational Exchange between Parents and Migrant and Non – migrant Sons in Rural China ［J］. Journal of Marriage and Family, 2011 (73): 93 – 104.

［13］ DAATLAND S O, VEENSTRA M, HERLOFSON K. Age and Intergenerational Attitudes in the Family and the Welfare State ［J］. Advances in Life Course Research, 2012 (17): 133 – 144.

［14］ DOUGLASS M. Global Householding in Pacific Asia ［J］. International Development Planning Review, 2006, 28 (4): 421.

［15］ EHRLICH I, LUI F. Intergenerational Trade, Longevity and Economic Growth ［J］. Journal of Political Economy, 1991, 99 (5): 1029 – 1059.

［16］ FINGERMAN K L, PITZER L M, CHAN W, et al. Who Gets What and Why: Help Middle – aged Adults Provide to Parents and Grown Children ［J］. Journal of Gerontology: Social Sciences, 2010 (66B): 87 – 98.

［17］ FINGERMAN K, CHENG Y, BIRDITT K, et al. Only as Happy as the Least Happy Child: Multiple Grown Children's Problems and Successes and Middle – aged Parents' Well – being ［J］. The Journals of Gerontology, 2012, 67 (2): 184 – 193.

［18］ FURSTENBERG F F. On a New Schedule: Transitions to Adulthood and Family Change ［J］. The Future of Children, 2010 (20): 67 – 87.

［19］ GALASSO V. The Political Future of Social Security in Aging Societies ［M］. The MIT Press, 2006.

［20］ HJÄLM A. Because We Know Our Limits: Elderly Parents' Views on Intergenerational Proximity and Intimacy ［J］. Journal of Aging Studies, 2012 (26): 296 – 308.

［21］ IGARASHI H, HOOKER K, COEHLO D P, et al. My Nest is Full : Intergenerational Relationships at Midlife ［J］. Journal of Aging Studies, 2013 (27): 102 – 112.

［22］ KOGOVSEK, MOJCA, KOGOVSEK, et al. Retaining Mature Knowledge Workers: The Quest for Human Capital Investment ［J］. Social and Behavioral Sciences, 2013 (106): 2280 – 2288.

［23］ LAI, TUNG, AN – CHI. Who Supports the Elderly? The Changing Economic Lifecycle Reallocationin Taiwan, 1985 and 2005 ［J］. The Journal of the Economics of Ageing, 2015 (5): 63 – 68.

［24］ LEOPOLD T, RAAB M. The Temporal Structure of Intergenerational Exchange: A Within-family Analysis of Parent-child Reciprocity ［J］. Journal of Aging Studies, 2013 （27）: 252-263.

［25］ LIU. Ageing, Migration and Familial Support in Rural China ［J］. Geoforum, 2014 （51）: .305-312.

［26］ MONTEN A, THUM M. Ageing Municipalities, Gerontocracy and Fiscal Competition ［J］. European Journal of Political Economy, 2010 （26）: 235-247.

［27］ MULLIGAN C B, SALA-I-MARTIN X. Social Security, Retirement, and the Single-minded Ness of the Electorate ［N］. NBER Working Paper No. 9691, National Bureau of Economic Research, Cambridge, MA, USA. 2003.

［28］ PROFETA P. Retirement and Social Security in a Probabilistic Voting Model ［J］. International Tax and Public Finance, 2002 （9）: 333-348.

［29］ PRICE K A, TINKER A M. Creativity in Later Life ［J］. Maturitas, 2014 （78）: 281-286.

［30］ RANGEL, ANTONIO. Forward and Backward Intergenerational Goods: Why is Social Security Good for the Environment? ［J］. American Economic Review, 2003, 93 （3）: 813-834.

［31］ SIMPSON, PATRICIA A, GRELLER, et al. Variations in Human Capital Investment Activity by Age ［J］. Journal of Vocational Behavior, 2002 （61）: 109-138.

［32］ SØRENSEN, RUNE J. Does Aging Affect Preferences for Welfare Spending? A Study of Peoples' Spending Preferences in 22 Countries, 1985—2006 ［J］. European Journal of Political Economy, 2013 （29）: 259-271.

［33］ STEIN C H, ABRAHAM K M, BONAR E E, et al. Family Ties in Tough Times: How Young Adults and Their Parents View the U. S. Economic Crisis ［J］. Journal of Family Psychology, 2011 （25）: 449-454.

［34］ SZYDLIK MARC. Generations: Connections Across the Life Course ［J］. Advances in Life Course Research, 2012 （17）: 100-111.

［35］ ZHANG J, ZHANG J. Longevity and Economic Growth in a Dynastic Family Model with an Annuity Market ［J］. Economics Letters, 2001, 72 （2）: 269-277.

［36］ ZHU, WHALLEY, ZHAO. Intergenerational Transfer, Human Capital and Long-term Growth in Chinaunder the One Child Policy ［J］. Economic Modelling, 2014 （40）: 275-283.

［37］陈皆明.投资与赡养——关于城市居民代际交换的因果分析［J］.中国社会科学，1998（6）：131-149.

［38］陈雯."四二一"家庭结构假设与家庭养老压力事实［J］.华中师范大学学报（人文社会科学版），2012，51（5）：23-32.

［39］陈友华.社会变迁与老年文化重构［J］.人口与发展，2013，19（5）：78-88.

［40］陈志武.儒家文化、金融发展与家庭定位［J］.社会科学论坛，2013（7）：168-178.

［41］段炳德.孝道伦理、代际支付与中国经济增长［J］.理论学刊，2013（7）：44-48.

［42］范成杰.代际关系的价值基础及其影响——对江汉平原农村家庭养老问题的一种解释［J］.人口与发展，2012，18（5）：11-16.

［43］费孝通.家庭结构变动中的老年赡养问题——再论中国家庭结构的变动［J］.北京大学学报（哲学社会科学版），1983（3）：7-16.

［44］郭凯明，张全升，龚六堂.公共政策、经济增长与不平等演化［J］.经济研究，2011（增2）：5-15.

［45］郭庆旺，贾俊雪，赵志耘.中国传统文化信念、人力资本积累与家庭养老保障机制［J］.经济研究，2007（8）：58-72.

［46］贺志峰.代际支持对农村老年人主观幸福感的影响研究［J］.人口与经济，2011（增刊）：1-3.

［47］胡湛，彭希哲.中国当代家庭户变动的趋势分析——基于人口普查数据的考察［J］.社会学研究，2014（3）：145-166.

［48］姜向群，刘妮娜.老年人长期照料模式选择的影响因素研究［J］.人口学刊，2014，36（1）：16-23.

［49］姜向群，郑研辉.中国老年人的主要生活来源及其经济保障问题分析［J］.人口学刊，2013，35（2）：42-48.

［50］李金波，聂辉华.儒家孝道、经济增长与文明分岔［J］.中国社会科学，2011（6）：41-55.

［51］李树茁，胡莹，闫绍华.当代中国家庭生育性别偏好的影响机制研究——基于六普数据的实证分析［J］.人口与发展，2014，20（5）：69-76.

［52］李琬予，寇彧，李贞.城市中年子女赡养的孝道行为标准与观念［J］.社会学研究，2014（3）：216-246.

［53］梁漱溟.中国文化要义［M］.上海：上海人民出版社，2005：43-69.

[54] 刘永平，陆铭. 放松计划生育政策将如何影响经济增长——基于家庭养老视角的理论分析 [J]. 经济学（季刊），2008，7（4）：1271-1300.

[55] 陆旸，蔡昉. 人口结构变化对潜在增长率的影响：中国和日本的比较 [J]. 管理世界，2014（1）：3-29.

[56] 潘光旦. 中国之家庭问题 [M] //潘光旦文集（第1卷）. 北京：北京大学出版社，1993：34.

[57] 彭希哲，胡湛. 公共政策视角下的中国人口老龄化 [J]. 中国社会科学，2011（3）：121-138.

[58] 孙涛，黄少安. 非正规制度影响下中国居民储蓄、消费和代际支持的实证研究——兼论儒家文化背景下养老制度安排的选择 [J]. 经济研究，2010（增1）：51-61.

[59] 孙新华，王艳霞. 交换型代际关系：农村家际代际关系的新动向——对江汉平原农村的定性研究 [J]. 民俗研究，2013（1）：134-142.

[60] 唐灿，马春华，石金群. 女儿赡养的伦理与公平——浙东农村家庭代际关系的性别考察 [J]. 社会学研究，2009（6）：18-36.

[61] 童玉芬. 人口老龄化过程中我国劳动力供给变化特点及面临的挑战 [J]. 人口研究，2014（3）：52-60.

[62] 王跃生. 中国城乡家庭结构变动分析——基于2010年人口普查数据 [J]. 中国社会科学，2013（12）：60-77.

[63] 王跃生. 中国城乡老年人居住的家庭类型研究——基于第六次人口普查数据的分析 [J]. 中国人口科学，2014（1）：20-32.

[64] 解垩. 中国老年人保障与代际间向上流动的私人转移支付——时间照料与经济帮助 [J]. 世界经济文汇，2014（4）：69-83.

[65] 杨菊华，何炤华. 社会转型过程中家庭的变迁与延续 [J]. 人口研究，2014，38（2）：36-51.

[66] 叶华，吴晓刚. 生育率下降与中国男女教育的平等化趋势 [J]. 社会学研究，2011（5）：153-177.

[67] 俞宪忠. 家庭人力资本投资与劳动力代际权益配置 [J]. 浙江学刊，2013（5）：170-176.

[68] 袁志刚，宋铮. 人口年龄结构、养老保险制度与最优储蓄率 [J]. 经济研究，2000（11）：24-34.

[69] 于长永. 农民"养儿防老"观念的代际差异及转变趋向 [J]. 人口学刊，2012

(6)：40-50.

[70] 原新."人口转型"后的计划生育政策走向 [J]. 探索与争鸣，2014（4）：
45-49.

[71] 曾毅，陈华帅，王正联.21世纪上半叶老年家庭照料需求成本变动趋势分析
[J]. 经济研究，2012（10）：134-149.

[72] 翟振武，张现苓，靳永爱.立即全面放开二胎政策的人口学后果分析 [J]. 人口
研究，2014（2）：3-17.

[73] 张航空.儿子、女儿与代际支持 [J]. 人口与发展，2012（5）：17-25.

[74] 张川川，陈斌开."社会养老"能否替代"家庭养老"——来自中国新型农村社
会养老保险的证据 [J]. 经济研究，2014（11）：102-115.

[75] 章洵.农村多子女家庭养老代际交换的性别差异——基于湖北省钟祥市L村一个
典型案例 [J]. 社会科学论坛，2014（3）：236-240.

[76] 郑丹丹，易杨忱子.养儿还能防老吗——当代中国城市家庭代际支持研究 [J].
华中科技大学学报（社会科学版），2014（1）：125-130.

[77] 周冬霞.代际支持对老年人生活自理能力的"选择效应" [J]. 社会科学论坛，
2014（5）：202-207.

后　记

　　本书是在国家自然科学基金项目（71573158）一系列阶段成果基础上整理形成的。参加本书编写的主要成员有：第一章导论：罗润东、郭怡笛；第二章人力资本投资的阶段性特征及其收益与风险测算：罗润东、徐丹丹；第三章家庭视角下人力资本中的年龄因素对竞争与合作关系的影响：李超、罗润东；第四章企业视角下人力资本中的年龄因素对企业绩效影响的效应分析：张敏、罗润东、张哲；第五章国际借鉴：李煜鑫、尹文清；第六章结论与政策建议：罗润东、李超、尹文清。

　　感谢各位成员在本项目调研与初稿撰写中的相互协作与共同努力，书中不当之处敬请专家学者批评指正。